成績をハックする

評価を学びにいかす10の方法

スター・サックシュタイン
高瀬裕人・吉田新一郎 訳

HACKING ASSESSMENT

STARR SACKSTEIN

新評論

まえがき——さよなら成績さん、こんにちは成長さん

私たち教師はストレスを抱えています。通知表を書くときはいつも、怒りに近いフラストレーションを感じます。生徒一人ひとりの学びが同じでないことを示しつつ、学んだことをどのようにして数字や文字で表すことができるというのでしょうか？

平均点だけで、実際に学んだことを表すことはできません。生徒たちも、多様な理由から「B」という成績をとっています。優秀な生徒だが学ぼうとしない生徒と、できはあまりよくないのに、学びを持続できた生徒が同じ成績を収めることもあり得ますし、学期の初めはいいスタートを切ったのに、学期末には悲惨だった生徒と同じ成績かもしれません。不幸なことに、通知表に記された「たった一つ」の数字や文字で表される成績が、あまりにもたくさんの重要な情報を伝えようとしているのです。

成績を付け終わろうとする時期はいつも、意味のある形で生徒を評価することに私は苦労をしています。そして、教育制度が、私にさせていることに対してますます不満を募らせます。何かが変わらなければなりません！　たとえ、生徒たちがその事実を知らなかったとしても、私は彼らに害を与えているのです！

評価は、双方向のやり取りでなければなりません。そして、生徒が知っていること、できることと、まだこれからやらなければいけないことについて、理解を促進する一つの「物語」でなければなりません。さらに、「自分自身で改善できる」とか「自らの成長を自分で実感する」ための方法がもてるようになることも重要です。

二年ほど前から、私は成績をなくすことに取り組みはじめました。最初は、選択科目の一つで試してみました。その科目は必修科目ではなかったので、試すのには好都合でした。私自身が成績なしの授業に関しては初級レベルの知識しかもっていなかったにもかかわらず、生徒たちの反応がとても肯定的だったので、二年目からは正式に行うことにしました。そうです！ 年度当初から動くことにしたのです。多少混乱することは予測されましたが、進む過程で改善していくことで対処しようと考えました(1)。

新学期がはじまる前の夏休みに校長の許可を得て、私は早速保護者に手紙を書き、生徒が教室に現れたときに「学ぶこと」について話しはじめました。

ところで、私は慣例にとらわれないプログラムを実施しているニューヨーク・シティーにある小さな高校(2)の国語教師です。成績なしのクラスを実験しはじめた年、私が担当していたのは次の五つの授業でした。

・九年生の「ＩＣＴ（情報通信技術）のジャーナリズム」。これは、特別支援教育の教員からサポートを受けないインクルーシブなクラスです。(3)

・多様なスキルをもつ一一年生で構成された「ジャーナリズム」(4)。

・一二年生向けの「ジャーナリズム」

・一二年生向けの「ＡＰ文学と創作(5)」

・一二年生向けの「出版関連の財務」。これは、二人の数学教師とのティーム・ティーチングです。

---

(1) この発想なくして、物事をよくしていくことはできるでしょうか！　このように考えて行動することこそが「ハック（巧妙に改造し続けること）」の神髄なのです。

(2) アメリカの高校は九年生から一二年生までの四学年です。したがって、日本流の「高一」～「高三」というような名称は使いません。「高四」が必要になったり、逆に九年生を「中三」と呼んだりといったように、現実とかけ離れた呼び名を使うことになってしまいますので。

(3) 通常のクラスに、特別支援が必要な生徒が一緒にいるクラスのことです。

(4) この教科では、新聞・雑誌・放送などで行われている時事問題の報道・解説・批評などを、読み、書き、聞く、話すという従来の国語で学ぶスキルに、見ることや映像を作成する活動も臨機応変に活用しながら学びます。

(5) ＡＰ（Advanced Placement）は、優秀な生徒のみが履修可能な大学レベルの科目ことです。この場合、進度の早い生徒たちを対象にした国語の授業と解釈できます。

生徒数の合計は一五二人でした。これだけの人数を対象にして、成績をなくすというチャレンジが難しいことは分かっていましたが、熱意と目的意識があれば、生徒たちを意味のあるやり取りに巻き込めると期待していました。

ほかのさまざまな試みと同じように、成績なしの授業を運営することには困難を伴います。これら五つのクラスをかつて教えたことがありますが、「成績なし」で教えたことはもちろんありません。教師としての時間を管理することが大きな課題となりました。時には、テストやレポートといったこれまでの成績から転換することが難しく、生徒の作品に、これまでと同じように成績を付けてしまおうかという衝動にも駆られました。

しかし、導入した新しい「成績なし」というシステムが生徒たちに与えた影響のおかげで、そうした衝動から抜け出すことができました。これまで成績がよくなかった生徒たちは、成績なしの授業に魅了されました。彼らは、「なぜ、ほかの先生たちも同じようにやらないのか⁉」と尋ねてきたぐらいです。

彼らにとっては、評価されない（成績を付けられない）ということが何よりもよかったようです。従来のやり方で、彼らは成功することはありませんでした。彼らは学ぶことに困難を伴っていたので、常に否定的なレッテルを貼られていたのです。

ほとんどの学びと実践は教室の中で起こっていましたので、私は生徒たちを難なくサポートすることができました。生徒たちのほとんどは、これまで「エキスパート（専門家）」になる体験をもっていませんでしたが、彼らはたくさんの分野で専門性を磨きました。それには、インパクトのある見出しの見分け方、読み手を引き込む書き出し、惹きつけるための記事構成の仕方、そして正しい引用方法などが含まれています。

彼らは、難しいことから逃げてしまう生徒としてではなく、よくできる生徒として接してもらえたことに感謝をしていました。

言うまでもなく、生徒たちは一人ひとり学ぶスピードが違うので、授業で宿題を出すことはしませんでした。その代わり、学校の内外で行う自分のプロジェクトにいくら時間を費やしてもいいことにしました。そうすれば、宿題のために余計な時間を費やす必要がありません。

正直に言えば、最初は大きなチャレンジでした。なぜなら、私はこれまで常に宿題を出してきたからです。宿題を出すといった教え方が、生徒に時間の管理と自らの学習に責任を負わせるのによい方法であると私は信じていたのです。(6)

しかしながら、教師としての経験年数が増えても従来の教え方では期待するほどの成果につながらなかったため、さまざま本や資料に目を通していろいろと調べてみました。その結果、私がよい教え方だと思っていたものが「それほどでもない」ということが分かりました。そしていまでは、宿題を出してはいけないとは思っていませんが、宿題なしでも、私の生徒たちは前よりも

「充実した教育」を受けていると確信して言えます。

「充実」することは、必ずしも「こなす量」とは一致しません。より重要なことは、課題やプロジェクトの難しさや中身の濃さなのです。

本書を通じてあなたは、私が「成績なしのシステム」へ転換を図った過程で遭遇した、たくさんのチャレンジについて読むことになります。もちろん私にも、これまでのシステムのなかで一〇年以上も働いてきたので、洗脳され、埋め込まれてしまったものを解除[7]する必要がありました。それは簡単にできるものではなく、立ち止まって考えさせられることがしばしばでした。

しかしながら、成績を排除することで生徒たちの学びへのコミットメント（強い意志や決意に基づいた取り組み）が高まりましたので、生徒たちへの真の動機づけに役立つものは何かと絶えず考えました。その結果分かったことは、教師が決めた規則などではなく、チャレンジ、興味関心、期待などといったものでした。

こうした転換は、ジャーナリズムの授業にはピッタリのものでした。成績から解放されたことで、リスクを冒してチャレンジすることや、「問う」という行為が日常的に行われるようになったのです。

生徒たちは、自らのアイディアを試すために新しいプログラムをオンラインで探しました。その成果は素晴らしいものでした。たとえば、ジャーナリズムの倫理に関する公共広告を制作しようとしたとき、自分たちで映像化するよりも、絵コンテづくりやマンガ制作用のアプリを探したのです。各グループとも、「独自の特徴」ということを課題として挙げ、確実に学びを豊かなものにしていました。

彼らの行ったことはとても妥当かつ創造的で、このときの授業は、生徒たちにとっても私にとっても極めて有意義な体験となっています。

その一方、トップレベルの生徒たちは「成績なし」という方法に興奮することはありませんでした。何しろ、一二年生のＡＰクラスのほとんどが、自分たちのことを「Ａ」しかとらない生徒

(6)　この発想の転換は、日本の授業でも求められているのではないでしょうか。近刊として、『宿題／家庭学習をハックする（仮題）』も予定していますのでご期待ください。なお、「この発想」には「歪んだ平等／公平意識」というものも含まれます（一九七ページの訳注8を参照）。また、生徒の作業量を増やせば能力を高められるという神話も打ち砕いてくれています。できないものを長時間かけてやらされたところで、学べることは「これは嫌いだ」や「できない」ということだけです。

(7)　このことを「unlearn（学び直す）」とも言います。前例主義が好まれている日本の教育界では、あまり知られていない考え方です。ここを事前に読んだ協力者から、「今もっている価値観が変わらないかぎり、自分にとって都合のよいものしか学ぼうとしないし、受け取ろうとしないのが一般的だと感じています」というコメントをもらいました。同じ情報を受け取っても勝手に解釈して、結果的に何も変えないという場合が多いものです。では、その価値観を変える引き金になるものとは何でしょうか？

だと思っていましたから、もし成績がなくなってしまったら、彼らは自分の優秀さを証明する術《すべ》がなくなってしまうのです。優秀な生徒たちにとっては、よい成績を得ることがとても重要なのです。

実は、私自身がそのタイプの生徒だったので、「成績は必要だ」という彼らの言い分には共感できます。私も、彼らが行っているように、より高い成績を得るために何でもやりました。でも、振り返ると、成績は学ぶことにはほとんど関係なく、自分が賢く見られることのみにより重要な意味があったということに気づきました。よい成績は、自分の功績を世界に向けて発表するための「掲示板」のようなものだったのです。

もし、成績のために競争するといったことに必要性を感じず、学ぶことだけに焦点を当てていたら、私はかなりたくさんのことを学んできたと思います。そう確信するだけに、優秀な生徒たちと難儀な話し合いをする必要がありました。そして、厄介な質問に答えなければならなかったのです。

「達成するとは、どういうことでしょうか？」

この質問が頭から消えることはありません。この質問について、自分の考えを書き出す時間を生徒に与えて、そのあとで小グループになって共有しあいました。どのクラスでも、多くの生徒にとって「達成する」というのは「高い成績」のことを意味しました。しかし、改めて考えてみる必要があります。

「Aをとることに、本当はどういう意味があるのでしょうか？」

もう一度グループに分かれて話し合いました。話し合いは、前回よりも強い感情が露わになり、激しいやり取りからはじまりました。話し合いが終わるころには、多くの生徒が新しい考えを受け入れたいという印象をもったと思うのですが、その一方で、大好きな成績を手放せないという生徒もたくさんいました。

受け入れることがもっとも難しかったのが一一年生です。大学受験をする生徒にとって、この学年がもっとも大事な年となるので、新しいことに取り組むというアイディアにほとんどの生徒は前向きにとらえることができませんでした。彼らの懐疑的な態度を非難することはできません。私は、「すべて大丈夫！」と請けあいました。

このようにして、学年の当初はこの件について話を続けていきました。

成績をなくすという方針転換について、保護者とはオープン・スクール・ナイト(8)で話そうと計画しました。しかし、少数の親しか参加してくれなかったので、ほかの方法で情報提供をしなけ

(8)　欧米の学校では、年度の早い段階で、学校側（主には担任や教科担当）が保護者に対して今年度の授業の説明を行うという夜のイベントです。できるだけ多くの保護者が参加できるようにと、夜に開催されています。

ればならなくなりました。

私はビデオを使うことがあまり好きではないのですが、ユーチューブの動画で保護者と生徒の両者に進捗状況を紹介し、学んでいる様子をガラス張りにするためにアップロード（投稿）しました。生徒たちが取り組んでいる成功例と難しさの両方を伝えるために、私は一週間に一本、ビデオをつくることに決めたのです。

実は、この動画は成績を付けることにストレスを感じていた同僚たちにとって、とてもよい資料になりました。しかし、肝心の保護者のほうは少数しか見てくれませんでした。

保護者の理解を得ようとしたこれらの失敗にもかかわらず、生徒に持ち帰ってもらったアンケート調査の回答によって、保護者たちからのフィードバックを得ることができました。もっとも声高な保護者たちが、みんなが抱く懸念を共有していました。もちろんそれは、成績のよい生徒たちや同僚たちと、（時には、私とすら）同じものでした。

しかし、ここで投げ出してしまうのではなく、生徒たちが示したポートフォリオの改善に焦点を絞る形で前に進み続けました。進歩していることは紛れもない事実です。ここでもユーチューブの動画を使って生徒たちの作品や動きにおいて私が見たものを紹介し、生徒たちもその成果を閲覧しています。

しばらくすると、世界中にいる友人・知人からフィードバックをもらいはじめ、自分が正しい方向に向かっていることを確信しました。(9) 実は、多くの教育者が現在の成績の付け方に不満をもっており、その多くが伝統的な学校で行われているのです。彼らは、私が対処しようとしていた同じ悩みをはっきりと言葉にしていました。

「ほかに誰も興味をもってくれないような組織のなかで、このような大胆なリスクをとり続けることができるでしょうか？」

「依然として、中間報告と学期末の成績を出すことが義務づけられているなかで、成績なしのクラスをどうやって実現することができるのでしょうか？」

その答えは、「前進あるのみ！」となります。

最初の中間報告(10)が求められたとき、私は生徒たちと自己評価のカンファランス（次ページの**訳者コラム**参照）をもちました。すべての生徒に会って、進捗状況について話し合ったのです。念のために言いますが、このときが公式の話し合いを行った最初ではありません。生徒たちは、私やクラスメイトから常にフィードバックをもらっていました。しかし、このときに初めて、自分の進捗状況について、学習目標や従来の成績に照らしあわせるという話し合いをもったのです。

(9) こういう仲間のフィードバックや一言が、何よりも元気にさせてくれます！
(10) 学期が長いときなどには、途中で暫定的な中間報告が示されるようです。これと中間テストは同じと言えるでしょうか？　中間テストや期末テストの成果（点数）は、生徒たちが努力を注ぎ込んだ結果と言えるでしょうか？

訳者コラム

カンファランス

教師が個別の生徒や似たニーズを抱えた生徒たちに対して短時間で相談に乗る方法で、欧米では主流になりつつある教え方です。異なるニーズを抱えた生徒たちに対して一律に教えるという一斉授業を長くやっても効率的ではない、という考えに基づいています。これによって、講義を時間の短い「焦点を絞った指導（ミニ・レッスン）」に転換し、残りの生徒たちが協働学習や個別学習をしている間に教師はカンファランスができるようになります。

詳しくは、『「学びの責任」は誰にあるのか』やリーディング・ワークショップ、ライティング・ワークショップ関連の本を参照してください。

成績を排除することに全力を尽くしていた私ですが、学校からは、オンラインで閲覧できるスタンダード[11]（到達目標）に基づく通知表を出すことが求められていました。そこには、生徒それぞれのスキルに関する習熟度が記録されており、意味をなさない平均点が算出されています。

私は、単純に平均してしまうことは好みません。平均したからといって、生徒たちにとっては公正な成績になると思わないからです。少しでも現実に近いものにするために、直近の学習結果をより重視する形で私は対応しています。

オンラインで成績とこれまでの通知表を管理することは、とても拘束的で腹立たしいことなのですが、いかなる教師の情報も欠かすことができないという学校の方針なので、私も従うしかありませんでした。この方針に、私と生徒たちはとても不満をもっていました。その不満が爆発し、この件について、これまでの中間報告や通知表ではなくて、別の通知方法が可能ではないかと数回校長とやり取りをしましたが……。

成績なしの授業においては従来の通知表以外の方法を使いたかったので、私は成績を生徒たちと一緒に決めるために個別のカンファランスをすることに決めました。この話し合いには、「計り知れない」と言えるぐらいの価値がありました。その準備として、生徒たちはグーグル・フォームに自分の成果物と、それをつくる際に学んだことを書き込みました。そして、私たちは、スキルを本当に身につけるとはどういうことかについて真剣に話し合ったのです。

カンファランスのなかで生徒と私は作品をじっくりと見て、通知表に付ける予備的な成績を相談のうえで決定しました。それゆえ、通知表を渡される当日に生徒が驚くことはありませんでした。さらに、私のほうには、成績に対して生徒が泣きついてくるというような懸念もありませんでした。誰もが自ら行ったことを十分に理解しており、学期の後半に前進するための計画をもっていたのです。

(11)　スタンダードとは、日本の学習指導要領における目標、各学年の目標および内容を指すと思われます。つまり「最低基準」であり、その過程や評価については現場に裁量を委ねるものです。本書では、これ以降「到達目標」と訳します。

これで、成績なしへの転換は完全になされたのでしょうか？　決して、そのようなことはありませんでした。学校が成績を付けることを義務として課しているので、完璧という状態からはほど遠いものでありましたが、差し当たって「我慢できるもの」としてはじめるしかありませんでした。私のやり方が成績という問題をすべて解決したわけではありませんが、よい方向に向かいはじめたとは言えます。ですから、あなたも、自分が置かれている状況のなかで「成績なし」というやり方を実践することは十分に可能です。

残りの年度も同じような状態で進みました。プロジェクトには、複数回にわたる成長の機会と、クラスメイトと私からフィードバックがもらえるという機会が含まれていました。生徒たちは、自らの学びに関する質問をするようになり、授業は徐々に生徒中心になっていきました。つまり、生徒たちが自らの学びと目標を決定しはじめたのです。

私は、生徒のインプット(12)なしで自分が計画したカリキュラムに成績を付けるのではなく、生徒が自ら達成できるようにするための方法を提示しました。生徒自身の振り返り(13)が、学びを保障する大事な証明のようなものになりました。要するに、彼らの作品を見る際の視点を提供してくれるのです。

振り返りのなかで生徒たちは、自分が何について取り組んでいたのかを話し、目標に向けて必要なアドバイスを求めてきました。目標となったものは、「各州共通の基礎スタンダード」、「カレッジ・ボード」が認定した大学レベルのカリキュラム、「国際教育工学学会」のスタンダードなどに基づいたものでした（これら三つについては次ページの**訳者コラム**参照）。

そして、年度の半ばには、一三年にわたる私の教員生活で体験したことがないレベルで、生徒たちは自らの成長と課題についてはっきりと述べることができました。雄弁な生徒だけでなく、すべての生徒ができたのです。

成績を捨て去るという考えは、これまでに私が「教える」ということに関して下した判断のなかでもっともよいものだった、と言えます。「成績なし」という考え方に否定的な制度のなかで行ったことですから、たくさんの課題が残り、進め方そのものも「完璧」というものからはほど遠いものだったのですが、私は前に進んだのです。そして、確実なこともあります。それは、毎年改善しているということです。

その年、このプロセスにかかわった人たちの多くが、「成績をなくしてしまうための質問に答える本を私に書いてほしい」と言ってきました。その要望にこたえたのが本書です。あなたが成

(12)　インプットのなかには、興味関心、学びの履歴、好みの学び方などが含まれます。詳しくは、『ようこそ、一人ひとりいかす教室へ』を参照ください。

(13)　翻訳協力者の一人から、「現場に導入したい感覚（概念）は、子ども自身の振り返り＝評価です」というコメントがありました。

訳者コラム

アメリカの教育システム

各州共通の基礎スタンダード(Common Core State Standard)
日本と違ってアメリカの教育は地方分権化しているので、学習指導要領のようなものをアメリカ教育省は出せません。そこで、全米州知事会と州教育長協議会が各州共通の到達目標を提案し、それをほとんどの州が受け入れている状況となっています。corestandards.org で詳細を見ることができます。

カレッジ・ボード(College Board) アメリカの大学入試で利用されている大学進学適性試験(SAT)を主催する非営利団体です。ここが認定した AP(Advanced Placement)のカリキュラムのことです。AP は、優秀な生徒のみが履修可能な大学レベルの科目であり、この AP での成績が大学での単位履修に置き換えられることもあります(iii ページの訳注も参照)。

国際教育工学学会(International Society for Technology in Education:ISTE) 国際教育工学学会が提示した到達目標には、7項目に及ぶ目指すべき学び手像と、その学び手像になるための到達目標が示されています。

上記以外の団体にも、教育を展開する上での核となる方針、スタンダード(到達目標)、そして生徒や教師への期待について「全米英語教師協議会(National Council of Teachers of English)」「全米科学アカデミー/研究評議会(National Academy of Sciences/National Research Council)」などの関係団体/学会が熱心に出しています。多様な団体が切磋琢磨しく互いに張り合ことで、常によくなり続ける土壌があります。

それに対して、日本はすべてが文部科学省に集約されているので停滞気味となります。当然、教師たちにも刺激になるサポート的な情報は入ってきません。

績なしの授業をつくり出すためのガイドなのです。本書は「ハック・シリーズ」の様式にしたがって書かれています。したがって、最初には成績にまつわる問題を提示します。そのあとで創造的なハックを紹介し、それをすぐに実践できる方法を示し、実際に実現するための青写真も描いています。

本書において、あなたは辛辣な解説を読むことになるかもしれません。ひょっとしたら、私の成績に対する考え方はかなり否定的なものに聞こえるかもしれません。しかし、成績そのものが否定的なものなのです。また、あなたは、「成績が嘘をついている」ことについても読むことになります。成績は生徒を不正確な形で分類し、改善のための情報も提供していないからこのような表現をしました。

もちろん、予想される反論についても言及しています。ハックに賛同しない人たちは、どのように反応するでしょうか？

まず、課題について検討し、それから意見の相違を解決するための方法を提案します。しかし、理由や説明を提供しても、誰もが理解してくれるわけではありません。覚えておくべきもっとも大切なことは、行ったり来たりを前提とする継続的なプロセスだということです。それを踏まえて取り組んでください。

最後に、ハックが実際に行われている事例を紹介します。このセクションでは、ハックが私の授業やほかの教師の授業でどのように機能したかという実例を紹介します。実例では、成績なしの授業がどのように見えるのかを描いています。成績を捨て去ることにあまり前向きではない人たちに対して、証拠として使えるのではないかと思っています。

正直に言いますが、成績を付けることから「成績なし」に移行することは決して簡単なことではありません。さまざまな問題に遭遇しますし、間違いも犯します。しかし、学びについてコミュニケーションを取るということは、一方的なものではなくて双方向のやり取りになるということです。単なる数字や記号ではなく、説明的なフィードバックを提供すること、そして生徒のインプットを求めることによって、生徒たちの学びに大きな影響を与えることになるのです。

もくじ

ハック2　納得してもらえるように努力する

●完全実施に向けての青写真　31

●課題を乗り越える　37

ハック3　学習課題を記憶に残る学習経験へと再構築する
——最善の成長に向けてプロジェクトをデザインする　51

ハック4　生徒たちが相互に助け合うようにサポートする
――教師が頑張るのではなく、生徒たちが頑張れるようにする　83

ハック6 時間を最大限確保する
――教室の中と外でカンファランスを続ける　121

ハック7 成長をガラス張りで見えるようにする ——伝統的な成績表を処分する 141

ハック8　振り返ることを教える
──メタ認知能力をもった学習者になれるように生徒をサポートする　161

ハック9 生徒に、自分で成績が付けられるように教える
——成績を付ける権限を生徒に譲り渡す　181

ハック10 クラウドベースのデータを保存する
――ポートフォリオ評価へ移行する 201

成績をハックする——評価を学びにいかす10の方法

ハッキングには「コンピューターへの不法侵入」というイメージがありますが、本書での意味は違います。「**巧妙に改造する**」という意味です。現状を当たり前のものとして受け入れず、嫌なものを壊してつくり直そうとすることです。すべての用意が整うまで待ったり、誰かが変えてくれるのを待ったりするではなく、とにかく自分で試して、その結果を見るのです。肝心なポイントは、問題となっていることを常に「学びを改善するためのチャンス」と捉えることです。これは、日本の教育界に欠けている視点であると同時に、必要な行動ではないでしょうか。

ハック1

成績の見方・考え方を変える

——成績なしの教室づくりをはじめる

子どもたちに、①本当の意味で言葉や数字や考えにワクワクする、生涯にわたって学び続ける学び手になり、②簡単で安全なものに固執するのをやめ、③教養のある考える人になるように求めるなら、私たちは、子どもたちが成績のことを忘れられるように、できることは何でもすべきである。

アルフィー・コーン（Alfie Kohn・アメリカの作家・講演家）

問題点――これまでの成績システム

一世紀にわたって、成績システムがアメリカの教育文化に深く染みこんでしまいました。この成績システムのおかげで、学校において本来重要なものを私たちは軽んじてしまっています。それは「学び」です。あまりにも多くの生徒、保護者、教師が、過剰なまでに学びに数字をあてがうことに焦点を当てています。また教育関係者は、何に対しても数字や記号で示そうとします。このような状況をふまえて、これまでの成績に関して改善しなければならないいくつかの問題があります。

・成績は、生徒が達成したことを過度に単純化し、成長を妨げる狭い箱の中に生徒たちを押しこめることになるので、生徒が知っていることやできることを正しく伝えるものではありません。

・成績は成長を大切にせず、生徒を互いに対抗させるという、競争に基づく学習文化を生み出します。しばしば、学習に関係のない要素によって成績は誇張されますので、本当に意味のある学びのプロセスをめったに示してくれません。そのため生徒たちは、テストや通知表でとった点数や記号といった成績が自分の能力を正確に示すものではないということに気づくことなく、ほかの人より自分のほうがよくやった、よく知っていると主張するために利用してしまっています。このような状況では、リスクを冒して、新しいことや難しいことに挑戦にする雰囲気はできません。

・成績に関する言葉は、しばしば学びのプロセスを停止するような否定的な意味合いをもちます。教師が生徒に対して間違っていると伝えたり、生徒の作品の横に大きく「×」と書いたりしたとき、どのように感じるか考えてみてください。そんなことをしても、学びを促進することはできないのです。本章の後半で、効果的で前向きに伝えるために用いることができる言葉について考えることにします。

ハック――マインドセット[1]を変えて、成績を捨て去る

私たちは、学んだことについての伝え方を替えるときに来ています。その際、もっとも大切な要素となるのは、学びにかかわるすべての関係者が、転換の必要な理由をしっかりと理解できるようになることです。すべての関係者、とりわけ生徒が、成績は自分の理解の深さを表していないこと、また実際に成績は、学びについて探究したり、伝え合ったりするうえで、目先のことし

か見ていない方法だということが理解できるように、サポートする必要があります。

スタンフォード大学の心理学者であるキャロル・ドゥエック(Carol S. Dweck)が『マインドセット──「やればできる!」の研究』(今西康子訳、草思社、二〇一六年)のなかで論じているように、成長マインドセットを紹介することも欠かすわけにはいきません。それを踏まえることで、生徒は学び続けるすぐれた学び手、つまり、文字や記号などの不十分な評価によって自分のことを決めつけることのない学び手へと成長していくのです。

マインドセット(思考様式)は、「学びのプロセス」における理解の仕方を決定します。よって、生徒たちの成長を抑えつける力をもった「停滞マインドセット」よりも、変化や動きを受け入れる「成長マインドセット」に焦点をあてなければなりません。

生徒たちが「C」という成績を手にしたとき、彼らは一方的な評価を下されたこともあって、自分自身に「C」のレッテルを貼ってしまいがちです。もし、この一方的な評価をなくせば、生

> 生徒たちは、教師やクラスメイトが提供してくれるさまざまな形でのフィードバックと、そのフィードバックによるこれからの成長へのいかし方を理解しなければならない。

徒たちは自分に貼られた文字や記号などといったレッテルではなく、自らの内側にある学び手の意識に目を向けるようになるでしょう。

「成長マインドセット」へ転換するには、学びについて議論したり、学びのプロセスを評価したりするために使用する言葉も同じく転換する必要があります。教師は、学びには複数の道があり、ほかよりも優れた唯一の道などは存在しないということを強調しなければなりません。生徒たちが成績について質問してきたときには、学びについて考えるように促しましょう。

私たちが生徒たちにフィードバックするときは、彼らに対して評価を下すのではなく、彼らが向上していけるように促すことが大切です。このように転換するためには、教師と生徒の両者に、積極的に取り組む姿勢が求められます。

---

(1)「マインドセット」に関しては、「growth mindset」を「しなやかマインドセット」、「fixed mindest」を「硬直マインドセット」と訳されることがあります。しかし私たちは、この二つのキーワードの訳に苦しみました。一時は、あえて「成長」にこだわることと、両者の違いを際立たせるために、「成長を信じる思考様式」と「成長を信じない思考様式」と訳すことにしましたが、最終的に「成長マインドセット」と「停滞マインドセット」にすることにしました。

あなたが明日にでもできること

これまでの成績システムから移行することは、とても難しい挑戦となりますが、困難を和らげるためのいくつかの方法があります。以下のような方法を考えてみてください。

成績をなくすことについて話し合う

この話し合いは欠かすことができません。生徒たちに「成績なし」ということをどのように提示するかによって、この考え方に対する生徒たちの反応が変わってきます。「学ぶとはどういうことか」について尋ねることからはじめてみてください。もし彼らが、「自分に課されたことをこなすことであり、Aをとることだ」と答えた場合は、それに続けて、「課されたことをこなしたことで、自分が手に入れたものは何ですか?」とか「Aをとるとはどういうことですか?」と質問してみてください。

一生懸命努力することは、教師が生徒たちに教えたい価値のある特性ですが、そこに学びの本質があるわけではありません。「失敗することを恐れる人はどれくらいいますか?」と、生徒たちに尋ねてみます。何人かがその質問に対して手を挙げれば、「失敗するとは、どういうことなのでしょうか?」と質問します。

失敗は成長や変化のきっかけとなるものなので、その失敗を学びの機会をつくるチャンスと捉え、どのようにつなげていくかについて考えることが大切です。生徒たちは、リスクを冒すことや、それによってうまくいかないことが失敗を意味するわけではないことを理解する必要があります。失敗は、ほかの方法を試す必要があることを意味しているだけなのです。

最初の質問をしたあとに小グループに分かれ、思いついた考えについて話し合います。別々のグループでそれぞれ話し合いを進めたあと、もう一度クラス全体での話し合いに戻ります。そして、お互いに質問をさせてみましょう。すべての意見を聞いてから、生徒たちが学んだことをまとめる時間をとって授業を終えます。

・これからはじまる年度について、生徒たちは何を恐れているのでしょうか?
・彼らが抱いている恐れを解消するための最善策はどのようなものでしょうか?

これらが、彼らの最初の振り返りとなります。生徒たちが振り返りを書いている間、あなたも振り返りを書きます。そうすることで、その行為の価値を示すことができ、習慣となるモデルを示すことができます。

時間に余裕があれば、希望者に振り返りを読んでもらいます。そして、あなたの振り返りも生徒たちと共有します。生徒たちが継続してヒントを得られるように、振り返りを貼り出せる場所を教室内に確保しましょう。一日で終わらせるのではなく、年間を通して続けることで、とても大切な話し合いの出発点となります。

身につくレベルの学びについて話し合う

この新しい学びのプロセスが、実際にどのように見えたり感じられたりするかを表現することができれば、身につくレベルをより鮮明にイメージすることができます。身につくレベルの学びの具体例を示して、生徒たちの疑問を解消します。

自転車の乗り方を学ぶとき、身につくレベルがどのようなものであったかを一例として話し合ってみます。最初、彼らは挑戦しつつも失敗していたはずです。たとえば、自転車から落ちても、立ち上がっては何度も挑戦を続けたはずです。何人かは、補助輪を付けて乗りはじめたかもしれません。この方法が、彼らにとっては上達に向けての一つのやり方だったのでしょう。つまり、彼らはサポートがある状況で自転車に乗れたということです。

ひとたび補助輪やサポートなしで自転車に乗ることができれば、彼らは上達しているということになります。少しでも自転車に乗れるようになったら、長い距離でも進むことができるようになりますし、違ったタイプの自転車にも乗れるようになれば、彼らはその技術を身につけたということになります。このようなことを例として挙げ、生徒たちが学んでいるほかのことに応用して考えてもらうのです。

完全実施に向けての青写真

ステップ1　一年を通して話し合いを続ける

話し合いの機会を一度設けただけでは、それを終えたことにはなりません。一年を通して、この考え方についての継続的な話し合いを計画してください。生徒たちが理解するのにより多くの時間が必要だからといって、ストレスを感じたり、イライラしたりしないようにしましょう。彼らは何か「興味をもった」ものについては問い続けることになるでしょうし、話し合いの方向性を変えることがあなたの仕事になるでしょう。つまり、学びとは成績なしの状態を指すということを、生徒たちがその都度思い出せるようにするのです。

生徒に、次のような質問をしてください。

「その課題から何を学びましたか？　これまでできなかったことで、いまできるようになったことは何ですか？　そのことを、あなたはどのように知りましたか？」

生徒たちがこの転換を自分のものにするまで、教師自身も方向転換することが必要となるでしょう。

ステップ2　日ごろから学習のスタンダード（到達目標）を検討したり明確にしたりする

教室での学びにおいて期待されているもの（ルールではありません）や到達目標を、生徒たちが確実に理解できるようにします。期待されているものや到達目標を馴染みのある言葉に言い換えて説明させることで、生徒自身のものとします。そのあとに、一人ひとりの身につくレベルの到達目標をもとに、自らの上達レベルを決めさせます。

到達目標は、生徒たちがすぐには理解できないような言葉で書かれている場合が多いので、使う言葉を決めたり、学習を理解したりするために時間がかかるでしょうし、それぞれの教科における専門用語を理解することも必要になるでしょう。

知らないことを生徒たちが認識できる方法の一つとして、サポートがない状況で、そのスキルや知識を使ってみるように促すというやり方があります。もし、身につくレベルに到達している場合は、ある場面で知ったことを使って、ほかの人から促されることがなくても別の場面で適切に使って、新しい考えを生み出したり、まとめたりすることができます。生徒たちに、短期的な目標と長期的な目標を立てて記録するように促しましょう。彼らに、自分の学習は自らがコントロールしているのだということを自覚させるのです。

効果的に一人ひとりをいかすという考え方が定着すれば、一人ひとりが、一つのユニットのなかのさまざまな場面でさまざまな成果物を生み出すために取り組むようになるかもしれません。自分のペースやスキルを決められるようにすることで、その後も、この方法で学ぶことを生徒たちが選ぶように仕向けるのです。

ステップ3　日常的なフィードバックモデルをつくって共有する

お手本となるのはクラスメイトでしょうが、かつての取り組みのなかで最善の例があったとしても改訂を必要とすることがあります（一九ページに示した例を見てください）。生徒たちは、

（2）この考え方や具体的な教え方・学び方、および成果物のつくり方などについては、『ようこそ、一人ひとりをいかす教室へ』と、それの評価面に焦点を当てた『一人ひとりをいかす評価（仮題）』を参照してください。

（3）単元のことですが、そう言ってしまうと教科書教材の単元をイメージする人が多いと思いますので、あえて原語のまま「ユニット」にしました。ユニットは、教師が学習目標や到達目標を中心に、教科書や生徒たちのニーズや状況も踏まえながら自らが開発する単元のことです。その結果、この文章の後半部分や次の文章に書いてあることが可能となるわけです。日本では、残念ながら教師にカリキュラム開発能力を身につけさせていないので、生徒たちに学ぶ意欲があまりでない教科書単元が続いています。カリキュラム開発がどういうものかをイメージしたい方は、国語の年間計画のつくり方を示している『読書家の時間』の第9章をご覧ください。

表1－1　言葉の変化

成績に関連する言葉	成績なしに関連する言葉
成績	評価
点数	評価する
「手にした成績は何か？」	「何を学んだか？」
「これは間違っている」	「他の方法を試してみよう」
問題	挑戦、機会
判定や批判	フィードバック
良い成績をとる	上達する、身につく

教師やクラスメイトが提供してくれるさまざまな形でのフィードバックと、そのフィードバックを今後の成長のために活用する方法を理解しなければなりません。たとえば、作品についてのフィードバックを書いたものを受け取ったり、グループ・プロジェクトで短時間の話し合いを行ったり、学びのさまざまな側面について、特定の進め方を含めて一対一で話し合ったりする機会をもつかもしれません[4]。彼らはまた、自分にとって最善だと思うことをあなたにフィードバックとして提供するかもしれません。

ステップ4　学びについて用いる言葉を変える

成績に関してこれまでに用いられてきた言葉の多くは、受動的なものであるうえに消極的なものです。そのため、話し合いで使う言葉を転換する必要があります。「成績」とか「点数」という言葉を使う代わりに、

「評価」や「評価する」という言葉を使いましょう。

私たちの言葉は、考えたり話し合ったりする際の姿勢を方向づけるものとなりますので、自分たちが進もうとしている方向性を意識しなければなりません。一つの言葉の変化は、劇的にその意味合いに影響を与えるものなのです。[5]

課題を乗り越える

これまでの人生において、成績として示された数字や文字で自分のことを理解してきた生徒の

（4）翻訳協力者から、「フィードバックの共有の仕方、そのフィードバックを今後の成長にどのように活用するかを考える時間、話し合う時間は、単にフィードバックを共有することよりも豊かなものにさせると思いました」というコメントをもらいました。まったくその通りだと思います。こうした時間のなかで、子どもたちは自分で成長し続ける力を身につけていくことができます。

（5）翻訳協力者から、「教え方・学び方が明確であれば、それに根差した言葉しか使わなくなるのでしょうが、自動化するまで自分の意識が必要だと感じました」というコメントをもらいました。教師の言葉の使い方・選び方について考えていくことが、どれほど生徒たちの学びに影響を及ぼすかについて真剣に考え方を変えていく必要があります。この点に関して、『言葉を選ぶ、授業が変わる！』がとても参考になります。

なかには、成績を捨て去ることができないと考える人もいるでしょう。ひょっとしたら、成績がよければよいほど自らを「賢い」と感じている生徒の場合、数字や文字を捨て去らなければならないことに対して抵抗するかもしれません。また、そのような生徒の保護者が、この転換をより難しいものにするかもしれません（これについては「ハック２」で取り上げます）。

課題①　生徒や保護者がこの転換に理解を示さない——彼らは成績に慣れきっている

こうした指摘はよくあることです。成績というシステムは、彼らが知っている唯一のものです。そして、よい成績をとることが成功することであると思いこんでいる保護者は、子どもたちにも同じことを教え、子どもたちはそれを正しいと信じこんでいるのです。

もちろん、保護者も本当は子どもたちに学んでほしいと思っているので、成績よりも「学び」のほうが重要だという意見に、徐々に賛同してくれるようになります。そうなるまで、あなたには忍耐が必要となるでしょう。この「停滞マインドセット」を乗り越えるための最善の方法は、成績をなくす理由と、文章化したフィードバック、そして自己評価をもとにした「評価の価値」について話し合いをもち続けることです。

あなた自身が強くなってください。システムは一夜にして転換できるわけではありません。時間がかかるうえ、意識的にマインドセット（思考様式）を転換した多くの人が必要となります。

たくさんの教職員を巻きこんでいくことができれば、保護者と生徒たちに対しても成功する公算が大きくなります。

課題②　未知なるものはとても恐ろしいので、うまくいかない

とりわけ、入試を間近に控えた中学生や高校生が利用しているシステムを変えようとすれば、「未知のことは理解できず、とても困惑する」と多くの人が言うことでしょう。彼らは、成績証明書や通知表、高校・大学への入学願書のことを心配します。あなたは、「それらすべてのものを最終的には手にすることになる」ということを繰り返し言わなければなりません。違うのは、自分の取り組みを励まし、自らの学びの責任を引き受けるように促してくれる新たなプロセスが彼らの評価に含まれるということだけなのです(6)。

変化とは挑戦であるということを認識させ、そのことに価値を付け、生徒たちが理解できるようにしてください(7)。生徒たちの信頼を得るまで、諦めずに彼らの手をやさしく握り続けてください。クラス全体での話し合いが予定していた計画以上に優先されるときもあるでしょうし、生徒

---

(6)　単純なことのように述べていますが、生徒が生涯にわたって学び続ける学び手になるためにとても大切なことを示唆しています。

たちと一対一で話し合うことが優先されるときもあるでしょう。柔軟に、そして忍耐強く対応してください。

課題③ 壊れてもいないシステムをなぜ変えるのか?

現状維持を支持するという単純な理由から、何人かは成績をなくすという考え方を好まず、「これは私たちがいつもやっているやり方だし、何の問題もありません!」と言うことでしょう。歴史上、このような主張は何度も繰り返されてきました。

工業が全盛であった時代、学校は優れた(工場)労働者を輩出することを目的としていましたし、生徒たちは学校に行って企業戦士として働くための準備をしていました。そして、このような教育モデルは、服従すること、みんなと一緒であること、そして機械的に暗記することに価値を置いていました。

この何百年かの歴史のなかで、世界がどれほど変わったのかについて議論することもできるでしょうし(8)、一九世紀のシステムでは二一世紀に必要とされている創造性やクリティカルに考えるための力を養うことができないということについては、一覧表がつくれるほどたくさんの証拠があります。

ハックが実際に行われている事例

私が担当している授業「AP文学と創作」（ⅲページの訳注5を参照）の初めに、成績なしという考え方や学んだことの伝え方における重要な転換について説明した手紙を保護者に配付しました。しかし、その手紙を読んだと思われる保護者はほとんどいませんでしたし、支持を表明してくれた保護者も、残念ながら一人もいませんでした。

たいていの場合、保護者は最終学年の子どもたちが帰宅すると、そのような手紙をほかの「重要ではない通知」と一緒に捨ててしまうものですが、私は落胆しませんでした。私の心は決まっていたのです。

（7）翻訳協力者から「強く同意します。すぐに居心地のよい慣れた世界に留まろうとしてしまいます」というコメントをもらいました。変化とは挑戦であるということは、大人にとっても難しいチャレンジかもしれません。だからこそ、教師が生徒にモデルを示すことが大切なのです。

（8）クリティカルに考える力とは、批判的思考力ではありません。それも含まれていますが、せいぜい三分の一か四分の一というところです。より大事な部分は、「大切なものを選び出す力」であり、その逆となる「大切でないものを排除する力」です。

訳者コラム

ミニ・レッスン

ライティング・ワークショップやリーディング・ワークショップの授業では、教師が延々と講義するようなことは行われません。一番大切で、しかも時間的に長く確保されているのは、生徒たちが実際に書いたり、読んだりする時間です。その結果、教師が情報を提供するのは授業時間の５分の１ぐらいに制約されています。その理由は、いくら教師が頑張って教えたところで、学ぶのは一人ひとりの生徒だからです。また、授業の最後には振り返りと共有の時間が、同じく全体の５分の１ぐらい確保されています。従来の国語の授業よりもはるかに効果的な授業の仕方については、『ライティング・ワークショップ』『作家の時間』『リーディング・ワークショップ』『読書家の時間』『イン・ザ・ミドル　ナンシー・アトウェルの教室』（仮題）を参照してください。

「先生が成績を付けないとしたら、自分に対する評価をどうやって知るのですか？」

この質問が、かなり長い期間にわたって何度も繰り返されました。しかし、まずは到達目標と期待されていることが明確なものであることを確実に理解し、次に身につくレベルの具体例を検討したり、頻繁にフィードバックを行ったりすることで、一緒に取り組んでいくことに確信をもてるようにしました。

たとえば、年度初めのユニットは、詩の意味よりも、その詩がどのような効果をもたらすかを検討することに焦点を当てました。生徒たちが行ったのは、クラスメイトと共有する詩的な工夫と、詩の構造についての解説文を書くことです。このときの課題は、生徒たちが詩的な工夫を調査したり、詩のなかからその工夫を探したり、それらを伝えるための最善策を考えたりする、というものでした。そのため、聞き手側となった生徒は、詩の工夫について学べるようになっていきました。

二週間にわたる授業のなかで、生徒たちは詩について調べたり、解説文を書いたりしたわけですが、それと同時に私たちは、これらの課題を成し遂げるための最善策について、クラス全体でミニ・レッスン（右ページの**訳者コラム**参照）を行っています。

生徒たちが自らグループを選びます。それぞれのグループの考えを聞くために、私は彼らと話し合いをもちました。そして私は、生徒たちが目標に向かって学び、正確な情報を提示できるようになるためのサポートを行いました。このときのフィードバックでは、答えを示すことを意図しておらず、生徒たちと一緒に解決することを目的としていました。だから私は、正しい方向性を彼らに示しながら、たくさんの質問や考えを提示したほか、プロジェクトの目的の一つとして、生徒たちが自分で知識をつくり出せることも挙げていました。

生徒たちが活動している間、私は進捗状況について話し合うだけではなく、すべての生徒が貢献しているかどうかを確認するために、グループ活動の動向を観察していました。それぞれの生徒が、自分宛てのフィードバックを受けることが大切です。一つのグループに成績を付けることはもうしません。かつてはそのようなことをしていましたが、スーザン・M・ブルックハート(9)が著した『成績とグループ活動（Grading and Group Work）』という本を読んでから、私はやり方を変えました。その本を読んで、生徒たちの取り組みに関しては、一人ひとりに対して評価するということに納得したからです。

生徒たちがプロジェクトを完成させると、私たちはそれぞれの作品を見て回りました。すべてのプロジェクトは教室の周りにあるコンピューターに掲示されており、小グループで教室を回ってプロジェクトを見、メモをとったり質問やコメントを書いたりしました。生徒たちはそれぞれのグループの解説文を見て回り、グーグル・フォームを使って到達目標をもとにフィードバックを行っています。

自らの成長について私に話せるように、それぞれの到達目標に照らして学んだことについての振り返りや自己評価を投稿するように求めていました。生徒たちは、その課題で探究したものを振り返り、自分たちが学んだことを共有しました。

その後、何人かの生徒が「自分が手にした」（要するに成績）ことや、課題について私が思ったことに対して質問を投げ掛けてきました。私の答えは次のようなものでした。

「私が何を思ったかはまったく重要ではないわ。何よりも、あなたたちが学んだことが問題なのよ。この学習で、あなたたちは何を学んだのかしら？」

年度の初め、私はこのような形で生徒たちの考えや進むべき方向を変えなければなりませんでした。私が導入したやり方が機能したかどうかについては、生徒たちが詩の分析について小論文を書いたときに分かりました。リサーチを必要としない二～三ページの小論文ですが、彼らにグループ指導のなかで学んだスキルを応用するように求めたのです。

実際に小論文を書いてみたら、自分たちがどれほどたくさんのことを学んだかに気づきはじめました。生徒たちの振り返りのなかに、「詩を理解するために、グループ指導で学んだことを活用することができました。だから、到達目標も満たしています」という回答があったのです。生徒たちが自分たちの言葉でしっかりと学びについて話し合っているとき、彼らが新しいやり方の価値を理解しはじめたのだということが実感できたわけです。

そして、ついに、「成績を気にしないことで、よりワクワクしたり、物事に挑戦しようと思ったりすることができた」と生徒たちが言ってくれました。彼らはまだ気づいていませんが、幼かったころ、間違いを恐れるようになる前は同じように思っていたはずです。少し時間がかかりましたが、年度の終わりには、彼らはそのつながりを理解し、成績をなくすという転換には、時間と努力を費やすだけの価値があるということも理解しています。

（9）（Susan M. Brookhart）小学校と中学校で教えた経験をもち、現在は主に教育コンサルタントをする傍ら、デュケイン大学で非常勤の講師もしています。評価、成績、グループ学習などの分野で著書が多数あります。

まとめ

成績をなくすという転換は、教師による一方的な評価を行わず、すべての子どもたちの学びをサポートすることに深くかかわることによってのみ達成されます。そこにはさまざまなレベルでの挑戦が存在しますが、実現していくためには、すべての人が成長すること、そして点数を付けるべきではないということを認識する必要があります。成績のための数字や文字は、成長を妨げ、可能性を抑えこんでしまうものなのです。

教室におけるあなた自身の影響力を考えてみてください。

成績なしという思考様式のモデルを示すために、[10]あなたが行っていることは何ですか？

教室で、すべての人にとってよりインクルーシブなコミュニティーをつくり出すために、あなたが個人的に変えられることは何ですか？

---

(10) 障がいのあるなしにかかわらず、すべての生徒を受け入れ、一人ひとりの教育的ニーズに合った適切な教育支援を通常の学級で行うことです。

ハック2 納得してもらえるように努力する
――すべての関係者といつでも連絡がとれるようにする

問題は、人を変えることではない。むしろ、人にどう伝えるかである。私は、単により良い情報について述べているのではない。今日の情報操作マシンによってばらまかれている深い霧を晴らすために、より明快で、はっきりとした事実に基づいたプレゼンテーションこそが大事なのだ。

ビル・モイヤーズ
（Bill Moyers・アメリカのジャーナリスト兼政治コメンテーター）

問題——関係者たちは変化に乗り気でない

成績を捨て去るといった大きな変化を起こそうとすると、ほとんどの人が「理解する」ということはまずあり得ないでしょう。また、生徒たちの成長を妨げるやり方で抵抗してくることもあります。

学校や大学は、あまりにも長い間、これまで使っている成績システムを支持してきたため、一見すると急進的に思われる、とても重要なこのような改革には困難が伴うことになります。

ハック——成績システムをなくすことに納得してもらえるように努力する

生徒たちの学習に最善の影響を確実に与えるためには、すべての関係者がこの理想を実現するためにかかわり、サポートすることが必要となります。また、生徒たちは、すべての教師から同じメッセージを受け取る必要があります。言うまでもなく、そのメッセージは、管理職に支えられたものであると同時に、生徒たちのよき理解者である保護者にも支えられたものでなければなりません。

生徒たちのマインドセット（思考様式）を転換することは、とても難しいチャレンジとなります。それ以上に、大人たちにマインドセットを変えてもらうことのほうがより難しいチャレンジとなりますが、それは決して不可能なことではありません。

学校から発せられるメッセージを足並みのそろったものにするために、いくつか必要なことがあります。その一つが、新しい考え方を柔軟に受け入れるための同僚との話し合いです。教師が学ぶ機会をもつことで、実践はより多くの情報に基づく一貫したものとなります。管理職からのサポートも必要となりますし、その管理職は成績をなくすという大きな変化を実現させるために、リソース（資金や情報など）を必要としています。

成績をなくすという変化をなぜ起こす必要があるのかについて話し合う場合、具体的に行うことをおすすめします。ひとたびその「理由」を明らかにすることができたら、あとはそれぞれの学校コミュニティーにもっともふさわしい「方法」を進めるための計画に着手すればいいだけです。これらの決断をする際、言うまでもなく、学校規模や学習者の年齢を考慮することが重要になります。

あなたが明日にでもできること

現状に満足している大人たちは、「停滞マインドセット」に陥りがちです。それゆえ、成績をなくすという新たな方法がより優れているという証拠を示す必要があります。もし、そのような状況にあるならば、以下のことについて考えてみてください。

変化を後押しする情報を提供する

同僚や管理職が共感してくれそうな、成績をなくすシステムについての情報を共有します。このような情報は、本またはブログ、ポッドキャスト、ツイッター、フェイスブックから得られるはずです。(1)

具体例を提示する

新たな方法によって生徒たちの学びがどれほど向上するのかについて、実例を示しましょう。(2)

もし、成績をなくすことについて話せる生徒がいるなら、それに越したことはありません。そのような生徒に、同僚とのインフォーマルな会話の場や、よりフォーマルな教職員の集まりに来てもらい、彼自身の体験を話してもらうのです。成績なしへ転換したことが、自己評価力のある、自立した学び手になるうえにおいてどれほど助けとなったかについて、生徒に説明してもらいましょう。

教室で行ったアクション・リサーチ(3)の結果を示す

成績なしの教室がうまくいくことを同僚や管理職に説明し、もっともふさわしい実施方法を検討する小委員会を開けないか、と問いかけてみるのです。最初は、学校の状況に応じてちょ

---

(1)　英語では容易に得られますが、残念ながら日本語では入手しにくいというのが現状です。現時点では、本書と『イン・ザ・ミドル　ナンシー・アトウェルの教室』(仮題)ぐらいしか思いつきませんが、今後は確実に増えていくことでしょう。

(2)　残念ながら、日本においてこの実例を示すことは難しいかもしれません。この本に示されている「ハックが実際に行われている事例」などを参考にしてください。二年目以降は、前年にしたことを紹介できると思います。

(3)　アクション・リサーチとは、教師が実践しながら研究を行うことです。学者/研究者が行う「研究のための研究」や「校内研究」と称して行われる、授業を変えることのない「建前の研究」とも違います。問題/目標設定→試行→情報収集→情報分析→新たな問題設定/目標設定→試行のサイクルを回し続けることですが、優れた教師は絶えず行っています。「ハック2」の「ステップ7～9」で書いてあることは、そのサイクルそのものと言えます。教師が行うアクション・リサーチの具体的な事例としては、『イン・ザ・ミドル　ナンシー・アトウェルの教室』(仮題)のなかで紹介されている筆者自らの成長過程が分かりやすいと思います。

うどよい時期を見極めるために、インフォーマルな話し合いを続けましょう。一緒に「試してくれる」人を数人集めることができれば、大きな味方になってくれるはずです。

保護者向けの手紙を書く

方法上の転換について説明し、保護者からフィードバックや疑問を継続的にもらえるように努力します。

ツイッターのハッシュタグをつくる

専用のハッシュタグをつくることで、あなたの授業や評価についてのつぶやきを集約することができるヴァーチャル空間をつくり出すことができます。こうすれば、質問や関心、コメントを一か所に集めることができます。そこが、保護者や学校関係者と対話を深める場所となります(4)。

ユーチューブのアカウントにサインインする

ユーチューブのチャンネルが設定できれば、保護者に情報を提供する映像なども計画することができます。

完全実施に向けての青写真

ステップ1　転換について管理職と話し合う

この種の転換には管理職のサポートが必要となります。話し合う前に、転換することの利点をたくさん挙げておき、話し合いの論点を準備しておくとよいでしょう。管理職には自分で調べる時間がないので、あなたから情報を確実に提供できるようにしておきます。そして、生徒にとってよいところはどんなことか、成績をなくすことが学習経験をどれほど豊かにしてくれるかを説明します。

あなたの論点が具体的であればあるほど、より多くのサポートを受けることができます。論点として、この本にあるさまざまなハックを使うことができます。本書で示したハックは、この転換がどれほど必要かを管理職に理解してもらうための助けとなるはずです。

（4）　これに対して、「日本ではありえない」と否定的な捉え方をした翻訳協力者もいましたが、その一方で、「さっそく取り組んでみたい、あるいは学校のアカウントをつくって学校関係者だけが見れるものにしたらできるかもしれない」と、肯定的に捉えた人もいました。

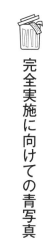

ステップ2 教師が学ぶ機会を設ける

ほかの教師たちを集めて、あなたが生徒と一緒にやった方法と同じやり方で、成績なしの考え方および具体的なやり方を伝えます。成績や評価の研究成果と生徒の学習成果を共有できるように準備しておきます。

質問を募り、その場で回答できないものは、二四時間以内に回答するようにします。生徒たちのメッセージやビデオを使ってマルチメディア・プレゼンテーションを作成しておきます。そのプレゼンが、あなたの教室での成績なしに代わるフィードバックがどのようなものかを示すことになります。

成績ではなくて、相互のやり取りこそが学んだことを正しく伝える方法である。

ステップ3 転換についての話し合いに保護者を招待する

成績の代わりにフィードバックを使うことでより良い学びの対話が生み出されているかについて、具体的にイメージしてもらえるように保護者をサポートします。オンラインで成績が閲覧できるシステムを使用しているのであれば、あなたがそこで使用する文字や数字についても保護者に確実に知ってもらい、理解してもらうようにします。

この転換に関する保護者の質問は喜んで受け入れ、ねばり強く答えてください。情報提供を目的とした手紙のなかで、クラス用のハッシュタグを使ったツイッターの投稿や、ユーチューブに投稿したビデオ映像で確認できるクラスの成長ぶりを継続して見てもらうように訴えてください。Ｅメール、電話、ソーシャルメディアなどを通して、保護者が納得できるようになるまで話し合いをもち続けます。

ステップ４　まとめ役となった保護者にプロセスへの参加を促す

もし、保護者の取りまとめ役やＰＴＡ会長がいるのであれば、その人からのサポートが得られるようにしましょう。成績なしへの移行を理解してもらえるように、そのような人へのサポートに時間をかけます。そうすることで、成績なしへの移行について保護者と話し合うとき、仮にあなたがいなくても連絡や調整役が確実に存在するという状況をつくることができます。その人は強力な協力者となり、あなたの味方になってくれるはずです。

ステップ５　ほかの教員にサポートを行う

教師に学ぶ機会が一度提供されるだけでは、この転換はうまくいきません。継続的なフォローアップとサポートをしていくことが必要です。「ハック１」で示したように、成績なしに関する言葉を使う、意味あるフィードバックをする、修正したりやり直したりする機会を設ける、身につくレベルの学びを理解する、従順であるよりも熱心に取り組むことを大切にする、このように生徒が達成したことを評価する際に問題となるさまざまな話題を取り上げて、継続的に学ぶ機会を提供するようにします。

ステップ6 学校規模での戦略を立てる

早期に導入した人たちがひとたび実践しはじめると、より体系的で、一貫した方法で実践を積み重ねていく方法が必要となります。学校の教師たちが転換を進めていくなかで、混乱なく進行できるようにさまざまな方針を一緒に決めていく必要もあります。

ステップ7 モデルチームをつくって先行実施する

学校全体ですぐに取り掛かるのは難しいかもしれません。そのシステムがうまくいくかどうかを理解しないまま学校全体でチャレンジする代わりに、まずは小グループでやるように考えてみてはどうでしょうか。おそらく、同じ学年のチームや同じ教科のチームであればアプローチしやすいはずです。できれば、そのチームが同じ生徒たちを受け持つ教師のグループで構成されているといいでしょう。そうすることで、生徒たちはどの教科においても同じ経験をすることができ、教師たちも一緒に問題を解決することが可能となります。

ステップ8　学校全体で完全実施する

モデルチームが先に実施し、その結果を分析したうえで、ほかの教師や学校関係者に適切な情報が提供されれば、学校規模での転換をスタートさせることができます。すべての人がその概要を理解したうえで準備を進め、その過程で生まれた意見にしっかりと耳を傾けることで、みんなの関心がその転換に向けられるようになります。そうなれば、成績なしへの転換がより容易となります。

次は、先に実践しはじめたモデルチームと、生徒たちの成長を強く望んでいるほかの教師、管理職、そして保護者たちとより大きな委員会を設けるのです。言うまでもなく、委員会は建設的で前向きに進められるように努力します。

ステップ9　関係者たちに報告する

転換がうまくいっているかどうか、定期的に状況を把握するようにします。

・人びとは、成績なしへの転換についてどのように感じているでしょうか？
・周りの人をサポートするために、あなたには何ができるでしょうか？

あらゆる人の要求にしっかりと答えるために、簡単なアンケート用紙を作成してみましょう。

表2－1　アンケート用紙

成績なしの学校に対する感想
以下の項目について正直に回答してください。

成績なしの教室でどんな経験をしましたか？
正直に答えてください。

タイミングのよいフィードバックをもらったことについてどう思いましたか？
あなたが前より成長したと感じるために、先生にはどんなサポートを望みますか？

成績なしの教室について保護者はどのように考えていますか？
保護者に質問して回答してもらってください。もしよければ、保護者の名前も下に書いてください。

あなたの名前を書いてください
もしよければ、フルネームを書いてください。名前を出したくないのであれば無記名でも構いません。

課題を乗り越える

変化することは、時に難しく、一緒に取り組む人びとがもっとも大きな抵抗勢力となるかもしれません。だからこそ、あなたは、予測できる抵抗に対して準備をしておく必要があります。

抵抗①　すべての生徒の成長を記録することは大変だろう

成長を記録することは時間の無駄だ、と言う人はいません。しかし、記録する量と質によって、生徒の学びの量と質は大きく左右されることになります。読者のみなさんであれば、本書を通して教師の時間的な制約を減らす有効な方法を見つけることでしょう。

学びについての文章によるフィードバックをすること、そして生徒が自己評価できるように促すことは、成績なしの教室をつくっていくうえにおいてもっとも重要なことです。そうすることで、一年を通してあなたの時間を有効に活用することができます。

抵抗②　成績なしだと子どもたちはやる気が出ない

信じられないような話ですが、子どもたちにとっては、成績が自分の知っているなかで唯一のご褒美なのです。だから、成績によってはやる気を出すのです。しかし、内発的な動機づけができるようにサポートをすれば、最後にもらう成績は大切なものではなくなります。学んだことについてどのように伝えるか、その方法ではなく、生徒たちの学びそれ自体に焦点を当てられるようにするためには何が必要なのかということに注意を向けてください。

動機づけの道具として成績を使っていては、長期にわたる学びを促すことはできません。成績は短期的な動機づけにしかならないのです。成績は、生徒にとってではなく、結局のところ教師にとっての強力な武器でしかありません。このことを生徒に説明し、一年を通して繰り返し確認することが大切です。

生徒たちに、「あなたたちは、成績として付けられる文字や数字ではない」ということを伝えてください。そして、「あなたたちは、生涯にわたって学び続ける学び手なのです」と強調してください。

抵抗③ 成績がないと大学に入学できない

学校に通わないで、家で学ぶこと（ホーム・スクーリング）[5]を選択した多くの生徒は、成績がないという状態で大学に入学しています。なぜでしょうか？　成績証明書以上にポートフォリオを受け入れている大学があるからです。

多くの大学や短期大学は、多様な文字や数字、ＧＰＡ(6)を使っているさまざまな国の生徒をたくさん受け入れています。一方で、成績証明書や通知表を必要とする大学があるのも事実です。そのような場合でも、生徒たちは（自己評価と振り返り、および教師とのカンファランスをしながら）自らの成績を付けることをすでに教えられていますし、学年末の成績は通知表に記載されます。

実際、私が教えた昨年度の生徒たちは、全員が大学に入学しています。夏休みを終え、大学生活をスタートした卒業生から感謝のメールが私に届きました。そのメールで、「しっかりと振り返りながら学びを前進させるというやり方を学んだことが、自分にとっては大きな助けとなっていて、大学での授業に向けてよい準備ができた」ということを知らせてくれました。

(5)　ホーム・スクーリングは米国でもっとも大きなオルターナティブ教育運動です。家で教育を受けている子ども（五〜一七歳）の数は、一九九九年に八五万人だったのが、二〇一一年には二〇〇万人に増えています。割合に直すと、学齢期の人口の一・七％から四％へと増えています。（『遊びが学びに欠かせないわけ』の第10章より）

(6)　（Grade Point Average）各学年でとったすべての教科の平均成績をはじき出す、その生徒の年度ごとの数値のことです。大学や大学院への入試の際、この数値が重視されているのがアメリカの特徴の一つになっています。「4」が最高だと記憶しています。

抵抗④ 自分の子どもがどういう状態なのか、親はどうやって知るのか

成績なしの教室で学ぶ生徒たちは、自分が知っていることや、できることをしっかりと説明するだけの力をもっています。学びについて話し合う際、その活動において身につくレベルの学びがどのようなものかを説明できるのです。これらは、成績以上に、学んでいることがどのようなものなのかを示す格好の事例と言えます。成績ではなく、相互のやり取りこそが学んだことを正しく伝えられる方法なのです。

また、保護者は、子どもの長所や課題について、あるいは彼らの成長をサポートする方法について教師に相談することができます。保護者は、単純な文字や数字以上に、正確で、情報に基づく、詳細なフィードバックやたくさんの活動例を見ることができます⑺。

ハックが実際に行われている事例

サラ・ドノバン先生は、成績なしの教室へと移行するまっただ中にいます。そんな彼女が、取り組みをはじめようとしているあなたに、校長にどのようにアプローチするのかについて、最善の例を提供してくれました。

二〇一三年、私たちの中学校は国語をブロック・スケジュール(8)で行うのをやめました。その結果、読むことと書くことを分けることで時間割に柔軟さをもたせることができましたが、同時に、書くことの授業をよりインクルーシブなものにしてくれました。(9)

一般的に、国語のテストの点数が低かった生徒は読書力を向上させるためのクラスに入れられます。そこでは、書くスキルに焦点が当てられることはありません。しかし私たちは、このように読み書きの関係を分断することによって、成果物よりもプロセスを優先する方法であるライティング・ワークショップ(10)をうまく進めるやり方を学んでいます。

当然のことながら、書くことの授業に成績はなく、それとは逆に、よりたくさんのフィー

(7)　これを可能にするのが、「ハック10」で紹介されているポートフォリオです。詳しく知りたい方は、『イン・ザ・ミドル　ナンシー・アトウェルの教室』(仮題)の第8章をご覧ください。

(8)　通常の四五〜五〇分の授業よりも長めの時間(通常は二コマ)を確保して、一時限当たりの授業に余裕をもたせることを指します。そのため、教科の統合もしやすくなります。

(9)　一斉授業をやる必要性がなくなり、ライティング・ワークショップやリーディング・ワークショップの手法を採用することができるので、容易に能力差を含めた多様な生徒に応じることができるようになります。『ようこそ、一人ひとりをいかす教室へ』および『イン・ザ・ミドル　ナンシー・アトウェルの教室』を参照してください。

(10)　英米圏で普及している「書くこと」の効果的な教え方・学び方のことです。詳しくは『ライティング・ワークショップ』『作家の時間』『イン・ザ・ミドル　ナンシー・アトウェルの教室』を参照してください。

ドバックがあります。もちろん、これによって私たちの教科は、成績についてほとんど話すことはありません。

その一方で、実際に子どもたちの成績がどうやったら上がるのかに気づきました。つまり、成績に焦点を当てないことで、より多くの学びとより高い到達度を生み出したのです。もちろん、私たちはまだ成績を出しています。だからといって、その過程で得たものを失うことはありません。

管理職は、生徒たちのGPAを見たとき、読むことより書くことの成績のほうが高いということに気づきました。その瞬間、読み書きのスキルは話題から逸れ、話し合いの内容は、指導と評価について考えるうえで鍵となる両者の違いに焦点があてられることになりました。

書くことの授業においては、指導のほとんどが授業のなかで行われています。そして、その授業評価は、生徒に見直しを指示したり、再提出を促したりするような形となり、形成的なものでした。つまり、学びのあり方が対話に基づくものだったのです。

一方、読むことの授業においては、主に文学作品について議論をしたわけですが、ほとんどの場合、実際に読むという活動は授業外（つまり、宿題）で行われていました。そして、その評価はテストや成績によって決められていました。成績があることで、対話をする必要がなかったのです（**訳者コラム**参照）。

ＧＰＡについての話し合いは、学校での成績の見直しを検討する委員会を立ち上げるように、（当時の）校長の背中を押しました。しかし、それが本当のはじまりとなったわけではありません。

これまで学校でやってきたのは「成績」を出すということです。「Ａ」という成績やＧＰＡが高いということは、教室や全校集会において、多くの子どもたちのやる気を起こさせるうえで要となっていたのです（「宿題をやること」や「言い訳をしないこと」と同じです）。しかし、教師たちに成績についての再考を促すことで、何人かの教師が必要な情報を

訳者コラム

形成的評価と成績の違い

ここで示されている「書くこと」の授業では、フィードバックをもとにした形成的評価が中心となっています。それに対して「読むこと」の授業では、授業でのフィードバックがほとんど行われておらず、テストによる評価が中心になっています。フィードバックをもとにした形成的評価を行うことで、生徒たちはリスクを恐れず、繰り返しやり直しながら作品をつくることができます。これが生徒たちの学びにとってとても大きな意味をもっているということを示しています。両者の授業例は、フィードバックをもとにした形成的評価がどれほど生徒たちの学びに効果的なものであるかを示しています。

形成的評価と成績（＋総括的評価）の違いについて詳しく知りたい方は、『一人ひとりをいかす評価』を参照してください。

探し求めるようになり、その結果、自らの指導を見直すことになりました。私は、さらに調べてみることにしました。[11]

この年、私は八年生の卒業指導を行うかたわら、成績なしの教室を推奨するマーク・バーンズ[12]の著書『Assessment 3.0（評価3.0）』を常に持ち歩いて読んでいました。それを見たほかの教師たちが足を止め、その本について質問をしてきました。そのたびに、私はその本から学んだことを伝えるようにしました。

常に文章でのフィードバックやポートフォリオを使っていた私ですが、成績をなくすことができるか否かというところまでは考えが及んでいませんでした。『評価3.0』を読むことで、たくさんの「もしも〇〇だったら、どうなるか」をイメージすることができるようになりました。それゆえ、成績なしの教室についての提案をまとめることにしたのです。

夏休みの数週間を使って、評価においてフィードバックを重視するやり方、文章や対話によるフィードバックの記録方法（ブログ、ノート、一覧表）、そしてオンラインでの学期末カンファランスの様子（ポートフォリオ、到達目標、振り返り）に関する説明を記した保護者向けの手紙をサンプルとしてつくりました。そのあと、私は新しい校長と会う約束をしました。

ある日の午後、校長との話し合いに挑みました。ＧＰＡに関する話し合いについて振り返ることからはじめ、生徒と教師のやり取りがいかに学びよりも成績に焦点を当てたものになっているかについて話し合いました。

ＧＰＡの低い生徒を対象として、私たちは彼らを昼食時間や授業時間に呼び出し、成績が上がるようにする、課題をやる、○点の埋め合わせをすることについて話しています。原則として私たちは、生徒のコントロールが及ばないシステム、つまり恣意的なシステムについて生徒たちと話をしているわけです。しかし、生徒からは次のような声が発せられるのです。「この先生は、宿題を遅れて出すことを認めているが、あの先生は認めていない。この先生は○点を使っているが、あの先生は○点を使っていない」

もし、成績を出さないとすれば、これらの話し合いはどのように見えるのでしょうか？

私は、このようなことを校長に話したわけです。

---

(11)　アメリカの高校は、九年生から一二年生までの四年間です。したがって、八年生は中学最後の学年を意味します。州によって、中学校は七～八年生の二年間だったり、六～八年生の三年間だったりしておりさまざまです。

(12)　(Mark Barnes) 二〇年以上前、「生徒をコントロールすることが最善の教え方」という考えのもとに教師生活をはじめましたが、そこから脱脚し、生徒たちを解き放つ（イコール教師も同時に解き放つ）方法を模索し続けています。現在は、本書を含めた「Hack Learning Series」を普及することに専念しています。なお、本のタイトルは、「1.0」は従来のやり方を「2.0」はそれに代わる新しいやり方を意味します。そして「3.0」は、それをさらに進化させたやり方という意味です。『評価3.0』では、成績なしのフィードバックを重視しています。

校長は、注意深く聞いていました。最近、私たちの学校では、到達目標に基づいて成績を付けるためのコンピューター・プログラムを購入しました。そのため校長は、成績なしの教室がそのプログラムのなかでどのように機能するのか、また到達目標に基づく指導実践と適合するのかどうかについて知りたかったのです。私はその答えをもっていませんでしたが、自分が学習活動をつくり、フィードバックをする方法として到達目標を使っていました。

たぶん校長は、学期の最後に到達目標を見て、生徒に次のように言って欲しいと思っていたのでしょう。

「『やさしい本泥棒』と『夜』を比較したブログ投稿のメッセージを見てよ。僕は、一九四〇年代のホロコーストが置かれた状況について、フィクションの説明と歴史的な説明を比較しているよ。きちんと、MLA方式で引用もしているよ。見てくれた？」(13)

これらすべてのことが、校長にとっては「理にかなった」ことであるように思えました。合理的な校長でしたが、次の三つのことが気になっていました。

最終的な成績——中間成績をなくす方法について話していましたが、教育委員会では年に四回の成績を出すことを求めています。校長は、最終的な成績や年四回の成績を出す方法を知りたがっていたのです。私は、バーンズの最終成績カンファランスと、その成績がどのように成績カンファランスから導き出されるかについて話しました。(14)

保護者――校長は、生徒の成長をどのようにして保護者に伝えるのかについて知りたがっていました。これについてはすでに考えており、クラス専用のブログで生徒へフィードバックしたり、そのフィードバックに対する生徒の反応を記録したりするようにしていました。もちろん、保護者がそのブログをいつでも見れるようにもしていました。

また、生徒が何かを再提出する途中の場合や、初めに提案していなかった場合に、その生徒が評価プロセスのどこにいるのかを示していきたいと思っていました。そこで、学校規模の成績システムを何らかの形で活用するのがいいのではないかと考えました。そして、そのプロセスをガラス張りにするため、生徒や保護者と話し合うための共通の言葉や数字をつくればよいと提案しました。

同僚――同僚たちはこのようなやり方をどう思うでしょうか？　成績なしの教室での取り組

(13)　アメリカ現代言語文学協会が提唱する英語論文の書き方のことです。アメリカでは、多くの場合、人文科学系の学生はこの方式で論文を書くように求められています。

(14)　『評価3.0』の七四～七五ページに書かれていることですが、残念ながら、この本は邦訳されていません。成績カンファランスについては、本書の「ハック９」が参考になります。

みは、これまでのアプローチをとっている教室とどのように共存することができるでしょうか？　正直なところ、そのことについてはまったく考えていませんでした。

何人かの教師がより多くのフィードバックをしたいと思っていたり、〇点の成績を付けたり、遅れて宿題を提出することについて考え直したいと思っていることは知っていました。しかし、校長は、このような転換が敵対意識や分裂の引き金になるのではないかと恐れていたのです。

私の答えは単純なものでした。それは、プロセスをガラス張りにしようとするものであり、通知表について考え直す一つのきっかけになるものでした。


成績のようなシステムを変えることは、数週間調べたからと言ってできるようなものではありません。成績は学校制度の一部です。そして、学びや達成したことについての捉え方は、成績としての文字と深く関係しています。

何人かの同僚たちも加わって私が行ったことは、NCLB法の「タイトル1」(15)にあたる学校に通うたくさんの子どもを見逃しているという現状のシステムを見直すことでした。国語教師として、言葉は力強いものであると思っています。だからこそ私は、学びについて話し合うために使う言葉を変えることからはじめたのです。

まとめ

すべての関係者から十分な理解を得られるというのが理想ですが、それはあり得ないでしょう。常に、不満を抱く人、賛同しないという人はいるものです。しかし、そのような人たちのことを過度に心配することはやめて、事実にしっかりと目を向けた話し合いに参加し、肝心なことにエネルギーを注ぎましょう(16)。

必ず、成績なしへの転換を理解し、教師や生徒たちをサポートしてくれる人はいます。あなたの学校のことを考えてみてください。

真っ先に賛同してくれる人は誰ですか？

---

(15)　NCLB法は、賛同よりも批判のほうがはるかに多い、ブッシュ（息子）政権が学力是正を目的として制定した（目玉）法律の一つでした。「タイトル１」は、低所得層の子どもの学びを改善するために、学校や教育委員会の取り組みに対して資金援助を行うことを記した項目です。

(16)　翻訳協力者から、「これは、何かをはじめるときには大切」というコメントをもらいました。日本では、肝心なことにエネルギーが注がれていない現状がたくさんの場面で見受けられます。クリティカルな思考力＝何が大切か見極める力を、まず大人が身につけることが大切です。

その人たちのサポートを得る形で、より多くの学校関係者を巻きこむにはどうしたらよいでしょうか？

もっとも大きな抵抗を示すのは誰ですか？

否定ばかりしている人を賛同者に変えるために、あなたにできることは何ですか？

ハック3

学習課題を記憶に残る学習経験へと再構築する
——最善の成長に向けてプロジェクトをデザインする

教えるということは、もはやその教科内容を伝達するものではなく、人生を変えるようなものでなければならない。

デイヴ・バージェス（Dave Burgess・作家・教育者）

問題——学習課題が学びを示すだけの豊富な機会を提供していない

教育現場ではテストや学習課題があふれかえっているにもかかわらず、それらが生徒たちの成長、ことに創造性[1]の育成に寄与することはほとんどありません。教師のなかには、成績を付けるのが簡単だからという理由で、何年にもわたって同じ学習活動を続けている人もいるというのが現実です。

生徒が本当に学び手として成長していけるように、プロジェクトやテストが改善されていないという事実は残念なことです。もっと言えば、テストは正解・不正解だけに目を向ける機会にしかなっていません[2]。そしてそれが、学びの楽しみを削ぐ要因となっているのです。これらの学習課題や評価には、言うまでもなく、いくつかの問題があります。

- 多くのテストやプロジェクトは、生徒が学んだこととの深さを示すものになっていない。
- 生徒の試行錯誤を、教師が認めないことが生徒の成長を妨げている。
- 提供されているほとんどの課題は、学びへの単一ルートしか示しておらず、生徒の自主性を奪い取っている。

ハック——絶えず生徒が成長できるように指導する

すべての学習課題、プロジェクト、教室での経験は、生徒全員が学びのなかで絶えず成長し続けるだけの活動をサポートするものでなければなりません。教師は、すべての学びが充実したものとなり、内容とスキルが生徒の生活につながるように計画された方法を考えなければなりません。[3]

生徒たちが選択できるようにし、[4]教師から提示された課題を修正したり、自分で課題をつくっ

（1）ここで著者は、クリティカルな思考には言及していませんが、訳者としてはぜひ加えておきたいです。両方を同じレベルで大事にしたいと思います。創造性だけでは世の中をよくしていけないからです。

（2）と同時に、教師と生徒の分断というか、教師や学校という組織の権威者とそれに従う者との関係を維持する役割も担っています。この点について興味のある方は、『遊びが学びに欠かせないわけ』の第3〜4章をご覧ください。

（3）ここに書かれていることを、教科書をカバーする一斉授業で実現することは可能でしょうか？

（4）翻訳協力者の一人から「選択、判断、決断によって責任が生じ、意志の強さも育まれていくのだと感じます。仮に途中でくじけたとしても、ダメ出しではなく振り返ることでより明確で緻密な目標設定や計画デザインをするようになると考えると、点数や記号のみの評価がばかげているのは明白」というコメントをもらいました。

たりする機会も与える必要があります。生徒のアイディアに「それはいいね」と教師が言うと、生徒の自立を促進し、元気づけることになります。生徒たちに指導と評価について発言する機会を頻繁に与えることにより、最終的には、学びの達成度を向上させる教師と生徒の協力関係が築けるようになるのです。

生徒との信頼関係を築き、彼らに発言権を与えることに加えて、教師は学びを広げ、一人ひとりをいかす多様な機会について考え、そして実践する必要があります。[5] 十分な時間とフィードバックがあることで生徒たちは、身につけるレベルに向かってしっかりと進むために欠かすことができないスキルを練習しながら、自らが取り組んできた活動や成果物を見直して、修正し、そして発表・発信することができるのです。

あなたが明日にでもできること

どのような学び方を選択したいかについて、生徒たちに質問をしましょう。学習経験をつくり出すプロセスに生徒をかかわらせることが増えれば、[6] その成果はどんどんよいものになります。ここでは、継続的な経験として学びを捉える形で学習課題を再構成する方法を示します。

生徒たちに簡単な調査をする

大切なことは、生徒たちがどんな学びを好んでいるかを理解することです。いくつかの質問について生徒たちに挙手してもらったり、質問用紙に回答してもらったりするなど、極めて容易にできます（7）。または、オンラインで簡略な質問票をつくったりするなど、ＩＣＴを使った形でも可能となります。そのほかにも、「Poll Everywhere」、「Plicker」、「SurveyMonkey」、「Socrative」（巻末参照）などといった、簡単に利用できるアプリがあります。

これらのなかで、「どのように学ぶのが好きですか？」という質問を含めて、いくつかシン

（5）『ようこそ、一人ひとりをいかす教室へ』および『一人ひとりをいかす評価（仮題）』を参照してください。

（6）ある意味では、指導の方法を根本的に捉え直すことを意味します。一番分かりやすい例は、従来の作文指導をライティング・ワークショップに切り替える方法かもしれません。前者は、教師から与えられるテーマについて書くことで完結しますが、後者は作家やジャーナリストなどになって書き続けることになります（最低でもユニットを学習している二〜三週間。普通は年間を通して。生徒によっては生涯にわたって！）。後者のアプローチについて知りたい方は、「作家の時間、オススメ図書紹介」で検索すると関連図書リストが見られます。学習課題の再構成の方法ということに興味のある方に、格好の資料をご紹介します。『ＰＢＬ――学びの可能性を開く授業づくり』です。

（7）書くことや読むことについての質問例（アンケート）は、『イン・ザ・ミドル　ナンシー・アトウェルの教室』の第３章と「作家の時間、プリント類ダウンロード」で検索すると見られます。

プルな質問をしてみるのです。さまざまな活動をあとで考え出すためにここで目標となるのは、各生徒の回答例（好み）が、フィードバック・サイクルをより良いものにするためにどのように役立つのかを見いだすこととなります。

プロジェクトや小論文のある部分を書き直す練習をする

生徒たちが最近取り組んでいることの例として、ピア・フィードバック(8)や教師からのフィードバックを提供します。その後に、生徒たちがその課題や作品を改善する形で取り組める機会を提供します。

このことが、学びを継続的なものにするうえで、どれだけ助けになるかを説明してください。また、自分たちがしていることや、それをどのように進めたらいいのかについての考えを生徒たちに尋ねてください。そして、自分の決断こそが学びを推し進めるのだということを認識させてください。

特定の生徒のニーズに応じて課題の取り組み方を調整する

いま取り組んでいる課題において、すべての子どもが確実に成功体験を積み重ねることができるように、生徒たちと一緒に期待値を調整してみてください。これは、生徒のインプットを高く評価する格好の場となります。そうすることで、たくさんの時間をかけずにさまざまな方法を試してみることができます。たとえば、ガイドラインを共有して、生徒が理解していない部分を自分で突き止めるように促したり、ある方向に進める方法を説明させたりするのもよいでしょう。

生徒には、ノート、ブログ、その他のウェブ・ツールに回答する選択肢を提供します。この活動は、生徒たちが発言する機会を増やし、自己評価を推奨するものとなります。(9)

生徒が生み出した考えに賛成する

生徒たちが現在取り組んでいる課題をやる代わりに、何か別のことに取り組みたいと提案してきた場合は、反対する前に生徒たちの考えを聞き、課題を調整するといったサポートをしましょう。そうすることで、もともとの課題と同じ規準を満たすことができるはずです。

(8)　生徒が相互にフィードバックしあうことです。その際に参考になるのは、「大切な友だち」のステップです。フィードバックの効果的な方法として、これ以上のものを、これまで見たことがありません！「PLC便り、大切な友だち」で検索すると五つのステップが分かります。

(9)　このテーマと次の項目についての参考図書は、『イン・ザ・ミドル　ナンシー・アトウェルの教室』『増補版「考える力」はこうしてつける』（とくに第4章と第8章）『ようこそ、一人ひとりをいかす教室へ』の三冊です。

場合によっては、これがクラスの課題となることもあります。学習目標を説明し、生徒たちが身につけたことを示す方法についてブレインストーミングして、一緒に考えてみましょう。

完全実施に向けての青写真

ステップ1　カリキュラムを生徒と一緒に改善する

最低限押さえなければならない内容を念頭に置きながら、生徒と一緒にカリキュラムについて考えるようにします。まず、現行のカリキュラムの一覧表をつくり、変更・修正できるもの、残すもの、付け加えるものを考えます。

最大限生徒にかかわりをもてるようにしながら、カリキュラムをつくり直します。そうすることで、学習課題が自分たちの意見を取り入れた「学びの経験」としてつくり直すことができるということを生徒たちに自覚させるのです[10]。

ステップ2　特定のスキルや到達目標をもとにプロジェクトを調整する

何事においても、はじめる前に目標を知っておくことが大切です。目標を知っておくことで、すべての課題は目的に応じたものになりますし、確実に到達目標を満たすものともなります。年度末に達成しなければならないことを見直し、評価の仕方を考えたあと、その最後から最初に向けて「逆さま」に授業の流れを考えるのです(11)。

こうすることで、初めに全体の概要がつかめ、それぞれの項目ごとに詳しくしていくことができるはずです。自ら考えたプロジェクトが、生徒が自主性を発揮し、フィードバックのサイクルを促進し、楽しめるものになっているかどうか自問してみてください。

ステップ３ 到達目標が理解できるように生徒たちに教える

生徒たちに到達目標を伝えたり、課題シートに到達目標を記載したりするだけでは十分とは言えません。生徒たちは、到達目標を自分のものにしなければなりません。生徒たちがそれぞれの

(10) ここに書いてあることは、日本のカリキュラム観とはだいぶ異なっています。最初からここまでは無理としても、『読書家の時間』の第９章「年間計画」では、日本の先生でもこのぐらいはやれている、という例を見ることができます。

(11) 逆さまにプロジェクト・デザインやユニット・プランを考えるという方法は、とても効果的です。それを紹介してくれた本が『理解をもたらすカリキュラム設計』です。しかし、値段が高価なため購入はすすめられないので、図書館で借りるか、『「学びの責任」は誰にあるのか』や『効果10倍の学びの技法』など、そのエキスが記述されている本をご覧ください。

ユニットにおいて、到達目標を自分たちでつくったり、書き直したりするように求めるのです。

ユニットや主要プロジェクトをはじめる前にこの活動の時間を確保することで生徒たちは、自分たちが成し遂げる必要があるものを考えるとともに、その活動の深さや幅広さを思い浮かべることができるようになります。以下に、この重要な活動のヒントをいくつか示しておきます。

❶到達目標がどのようなものか、また学習経験のなかでそれがどのような役割を果たすのかを説明する。

❷理解できる言葉で書き直せることを生徒たちに知らせる。付箋紙や方眼紙を使って到達目標を生徒たちに馴染みのある言葉に書き換えて、まとめられるように教える。

❸最初の到達目標や学びの成果を使って、そのプロセスのモデルを示す。声に出して読んだあと、細かく分けて考える。次に、簡単な言葉に書き換える。このようにして、到達目標を書き換えながら考え聞かせ[12]をする。

❹ほかの到達目標でも、このプロセスを繰り返すように指示する。グループで書き換え作業を行

> できるかぎり情熱をいかすことで、生徒のやる気を維持し、しっかりと身につくレベルまで取り組ませることができる。

うときにも参照できるように、モデルやサンプルを黒板に残しておいたり、模造紙に書いて掲示しておいたりする。

❺生徒たちを二〜三人のグループに分け、一グループにつき三〜五個の到達目標を書き換えさせる。

❻自分たちにとってふさわしい方法で、新しい到達目標を自分たちの言葉に書き換えさせてから紹介させる。

❼書き換えた到達目標を掲示するための掲示板（模造紙）をつくる。そうすることで、生徒たちは一年中、その掲示板を参考にすることができる。

❽活動している最中や振り返りの時間のなかで、生徒たちが満たしている到達目標はどれかと質問する。

振り返ることを習慣化することで、生徒たちが到達目標に注意を向け、さまざまな活動のなかで、どのようにしてそれらの到達目標を取り上げてきたかについて説明できるようにしなければ

（12）教師が実際に頭のなかで考えていることを言って聞かせることで、モデルを示す方法です。これによって、到達目標を書き換える際に何をしているかが生徒に分かります。詳細に関しては、『読み聞かせは魔法！』の第3章や『「学びの責任」は誰にあるのか』の第2章を参照してください。

なりません。そうすることで、成績がなくても教師と生徒が対話できるようになり、その対話のなかで取り上げる必要があるもの、すなわち学びをきちんと取り上げることができるようになります（**訳者コラム**参照）。

ステップ4　学習経験のなかに選択肢を設ける

文献やブログなどを見れば分かることですが、生徒たちに選択の機会を提供することで彼らは積極的に取り組むようになります。可能なかぎり、生徒に選択肢を与えてください。選択肢を与えて、新たな可能性をつくり出すことができるようにしてあげてください。

年間を通して新しい内容を紹介するときは、「この概念（**訳者コラム**参照）やスキルを身につけたことを示すにはどうすればいいだろう？」と生徒たちに問いかけるようにします。そして、この質問を生徒たちが真剣に受け止められるようにします。常に、発言権が生徒にある学習経験へ学習課題が再構築されていることを、生徒たちが思い出すようにしてください。

ステップ5　生徒たちの情熱を引き出す

受け持っている生徒のことをよく理解しておきます。そうすれば、彼らの興味・関心を惹きつけることができます。ある年に受け持った生徒たちは、寸劇を演じたりつくったりすることが好

訳者コラム

自立した学び手

翻訳協力者から、「まさに自ら学びに責任をもつ、『自立した学び手』の学習者像ですね」というコメントをもらいました。ここに書かれていることは、日本でどれぐらい実践されているでしょうか？　到達目標を示さないまま（教師の頭の中にあるだけ！）では、生徒たちが自分で成長していくための方法を考えるようにはなりません。

ユニットがはじまる前に、「何ができたらいいのか」を一緒に考えることは、ここに書かれていることを実践していくうえでの第一歩となります。また、最終成果物の見本を示しながら、「これのよいところはどこかな？」とか「これをさらによくするためには、どうすればいいかな？」と問うのです。

訳者コラム

概　念

概念（コンセプト）とは、教える・学ぶ際にもっとも大切なものの見方や考え方のことですが、日本ではあまり知られていません。概念の例としては、「変化」「相互依存」「システム」「原因と結果」「パターン」「イメージ」などがあります。各教科でバラバラの知識として教えられるのではなく、一つの概念を切り口として物事を考えられるように教えることで、各教科はつながっているものだと子どもたちは感じ、理解しやすくなったり、活用しやすくなったりします。

概念を大切にする学び方・教え方の詳細については、『ようこそ、一人ひとりをいかす教室へ』を参照してください。

きでした。しかし、その前年度の生徒たちはそれらの活動が嫌いでした。彼らはＩＣＴを求めていたのです。

もちろん、あらゆることのバランスをとることも必要ですが、継続的に生徒たちのやる気を喚起し、熱心に取り組むことができるのであれば、「演じる」という方法が身につけるための活動にもなるということです。生徒たちが、好きなことを無視して課題をつくり直すことはない、ということを忘れないでください。[13]

ステップ6　年度を通して内容とスキルをつなげるようにする

新たな内容について学ぶとき、生徒たちがそれ以前に学んだスキルや内容を思い出して活用できるようにすることが大切となります。練習を続けたり、新たな状況で試してみたりすることによって生徒たちの理解は深まり、「身につける」といったレベルまで到達することができます。

常に、生徒たちには、それ以前に学んだことが新しく学ぶことにどのように役立つかと尋ねるようにしましょう。以前学んだことの価値に注意を向ければ、継続的なフィードバックや自己評価を促進するようになるはずです。[14]

表３－１（六六～六七ページ）は、生徒が内容とスキルを関連づけて、自らの学びを振り返るためのサポートとなる一例を示したものです。

ステップ7 生徒が学習の道を切り開けるように、常に選択肢を提供する

ひとたび生徒たちがカリキュラムや学習計画作成のプロセスに慣れれば、すべてのプロジェクトや課題に対して、生徒によるデザインを取り入れるように検討してみてください。とはいえ、これが簡単でないことをすぐに思い知るでしょうが、生徒たちは学びはじめる前に達成しなければならないことを検討する必要があるので、実際のところは、難しくてもやりがいのあることだと分かるはずです。教師役、もしくは製作者役をすることは、ブルームの思考の六段階(15)でもっとも高次のレベルであり、生徒自身も身についたことを自覚することができます。

---

(13)　生徒たちのニーズや興味・関心の把握の仕方と、それを踏まえた教え方・学び方について詳しく紹介されている本が、『ようこそ、一人ひとりをいかす教室へ』と『一人ひとりをいかす評価』です。生徒たちが一方的に教師の授業に合わせるのではなく、教師が努力をして、彼らに合わせる部分がなければいい学びは得られません。

(14)　翻訳協力者から「この意識が抜けがちです。新しい取り組みに入ると、そこでは何が得られるかばかりに意識が向いて、以前に獲得したものとの接続に時間をかけていませんでした」というコメントをもらいました。既知のことと未知のことをつなぐことが、生徒が生涯にわたって学び続けるうえでの本物の学びのあり方を示しているのではないでしょうか。

(15)　ベンジャミン・ブルームが教育目標を分類するために提案したものです。「知識」「理解」「応用」「分析」「統合」「評価」という六つの段階が考えられており、情報を思い出す「知識」がもっとも単純なものとされ、物事の判断を下す「評価」や情報を「統合」して何かをつくり出す部分がもっとも複雑なものだとされています。

表３－１　最終プロジェクトの例

複数のメディアを使った最終プロジェクト

今年、あなたは最終的な評価対象となる成果物をつくることになります。自分で取り組む課題をつくるわけですが、ジャーナリズムの授業のなかで、あなたが提示したい形式と取り組みたい活動を選ぶのです。

第１段階――プロジェクトで扱うテーマと表現方法を選びなさい。（４月24日まで）

A　テーマ	B　表現方法
報道倫理	調査特集記事
写真を中心とした報道	写真付エッセイ
主要な出来事を取り上げた報道	短文式の作品
ジャーナリズムの歴史	ポッドキャスト
ICT	ビデオ映像
	スクラップブックや年鑑形式

第２段階――課題シートを書きなさい。あなたのプロジェクトが分かるようにフォーマルな課題シートを授業時間内に完成させ、提出しなさい。また、最終版の下書きは、グーグル・ドキュメントで提出しなさい。（５月２日まで）

・すべての課題は、複数の要素で構成されていなければなりません。
・すべての課題は、情報収集のために少なくとも二つのインタビューを含んだものでなければなりません。
・すべての課題は、何らかの文献調査を含んだものでなければなりません。

・すべての課題は、書き言葉によるものと視覚的なものを含んだものでなければなりません。

第３段階——フォーマルな評価（ルーブリック、到達目標についてのチェックリスト、採点尺度[*1]）（５月９日まで）

・すべての評価は、各州共通の基礎スタンダード（CCSS）[*2]に基づくものでなければなりません。

・すべての課題は、何をすれば成功するかということが示されていなければならない。

第４段階——授業のなかでプロジェクトに取り組む。生徒たちは、ここに至るまでにカンファランスの計画を立てなければなりません。（５月31日まで）

・授業での活動にふさわしい予定表をつくり、私に提示してください（実際に書き留めたもの）。

・時間管理を確実にするための基準をつくりなさい。

第５段階——振り返り。到達目標に基づく、学習経験の最初から最後までの振り返り（６月３日まで）

・学びについて到達目標を引き合いにして

・一行ずつ空けた形式でのエッセイ

・自分の評価を付けて、その理由を説明しなさい。

第６段階——プレゼンテーション。あなたの学習経験についてのプレゼンテーションをしなさい（６月３日の月曜日まで、あるいはこれに近い日）

第７段階——電子ポートフォリオへアップロードしなさい。（６月３日まで）

（＊１）課題における目標到達度合を示す数値や記号のことです。

（＊２）xvi ページの訳者コラムを参照してください。

課題を乗り越える

これまで、学校での教育には、教師が作成したワークシートやテスト、そして教師がつくった課題が使われています[16]。これらを使い続けることが理由で、生徒たちが自立した学び手になるために大切な力を育む機会を逃しています。そのことを分かっていながら、いまだに使われているというのが現状です。

課題をつくり直すことについて、同僚教師、生徒たち、保護者たちから出てきそうないくつかの疑問にしっかり答えられるようにしておきましょう。

疑問① これらの課題はあまりにも主観的である

生徒自らがつくり出した課題に取り組むことで、生徒たちは、ルールを決めたり、質の高い活動とはどのようなものかを見極めたりすることができるようになります。しかし、生徒によっては課題をつくり出すことに慣れていない人もいます。何事につけても唯一の正しい方法があるわけではないので、直観的な方法で物事に取り組むことを促しながら、生徒たちが創造性を発揮し、自分たちの学びをまとめる機会を与える必要があります。

すべての学びは主観的なものです。学ぶために、一度きりのチャンスや一つの方法しか提示していないのであれば、身につくレベルにたどり着く可能性を、とてつもなく制限していることになります(17)。

疑問② 授業のなかで、子どもたちが活動するだけの十分な時間がない

時間は常に課題となります。しかし、「その場で終わってしまう」課題よりも、時間はかかるかもしれませんが、より複雑な課題に取り組むほうが、その過程で多くのスキルを教えることができます。授業での時間の使い方を調整できれば、家ではなく、教師の目の前で生徒たちがその活動に取り組むことが必ず可能となります。

すべての授業時間を、教師が講義するために使うべきではありません。講義は、生徒たちが効果的に内容を身につけるうえで、決して効率的な時間の使い方とは言えません。効果的な協働作業やICTを使ったりすることによって、教師はより多くの生徒のコーチやファシリテーターになることができますし、時間の制約を少なくすることもできます(18)。

(16)　日本では、これらに業者テストやワークシートが含まれます。それらがあることによって教師は楽になるのですが、フィードバックおよび生徒たちの学びという観点からは好ましいものと言えません。

(17)　この項目について興味のある方は、『遊びが学びに欠かせないわけ』が参考になります。

疑問③ この方法で教えるには、扱わなければならない内容が多すぎる

右の課題と同様、私たちはカバーする内容の量よりも理解の深さを評価しなければなりません。教師が「軽く扱った」内容を生徒たちが理解していないのであれば、試験に必要なすべての項目に触れても生徒たちの役には立ちません。

扱う概念の順番を考え、それぞれの課題においてできるだけ重複させたり、組み合わせたりするようにします。生徒たちがさまざまなスキルを練習し、さまざまな資質・能力を向上させられるようにすることが、内容がぎっしり詰まったパワーポイントを示すよりも効果的な時間の使い方となります(19)。

疑問④ プロジェクト学習では、生徒がテストに向けた準備ができない

よいテストは、単なる丸暗記では解けません。人生は、事前に用意された質問と答えがあるテストとは違います。そのため私たちは、子どもたちに知識とスキルを使って問題に取り組み、解決することを教える必要があります。プロジェクト学習は、そうした問題に生徒たちが取り組み、解決する準備となるものです。なぜなら、プロジェクト学習こそが、生徒たちがさまざまな状況で知識やスキルを実際に活用することを学ぶ助けとなるからです。

さまざまな状況や課題のなかで到達目標を身につけておけば、生徒たちが人生に向けての準備

をする際、どのようなテストでもよい結果を得ることができるはずです。(20)

ハックが実際に行われている事例

プロジェクト学習とは、生徒に問題を提示し、解決策を考えていくためにほかの人と協働しながら取り組むことを求めるものです。また、その取り組みのなかで、常にスキルを発達させたり、新たな概念を学んだりすることを求めます。**表3－2**は、プロジェクト学習シートの一例です。学び手として成長していくために生徒たちは、これらのプロジェクト学習での経験を着実に活

---

(18)　この点に関しては、『「学びの責任」は誰にあるのか』のなかで紹介されている、①焦点を絞った指導、②教師がガイドする指導、③協働学習、④個別学習のバランスが参考になります。これらの四つを見事なぐらいに使い分けている実践が、ライティング・ワークショップとリーディング・ワークショップであり、『ＰＢＬ――学びの可能性をひらく授業づくり』です。

(19)　知識よりも概念を大切に教えるというのは、生徒一人ひとりに主体的な学びをつくり出すことと並んで、『ようこそ、一人ひとりをいかす教室へ』の主要テーマとなっていますので参考にしてください。

(20)　プロジェクト学習の参考図書は、『子どもの心といきいきとかかわりあうプロジェクト・アプローチ』、『協同的な学びを生かしたプロジェクト・アプローチ』、『学びの情熱を呼び覚ますプロジェクト・ベース学習』、『ＰＢＬ――学びの可能性をひらく授業づくり』、および『たった一つを変えるだけ』などです。

表3－2　プロジェクト学習シート

サックシュタインの風刺予想——古典の再解釈として

指示：小グループで、今年度読んだ文学作品のどれか、あるいはすべての作品から文学的要素を明らかにしなさい。現代社会のなかで、これらの小説を読むことの課題に迫る重要な場面を選んでショートムービーをつくりなさい（10分未満）。ユーモアや皮肉、そしてあなたたちのグループの小説についての理解を踏まえて、その作品にとくに関連したムービーをつくりなさい（必要であれば、現代語に置換しても構いません）。

完成までのステップと、さらなる期待

・焦点を当てる要素を選択しなさい。たとえば、登場人物の成長、プロット構造、設定など。
・それぞれの作品から重要な要素を選択しなさい。
・現代的な視点から、これらの要素をもとにした新しいストーリーの切り口をつくりなさい。
・すべての指示を書き込んだ台本を書きなさい。ムービーと一緒に提出するために、この台本が必要となります。
・ムービーを撮影しなさい。
・Youtube か Vimeo にアップロードして、そのリンクを教えてください。
・グループの各メンバーが、作成のプロセス、学び、チーム力についての振り返りと取り上げた到達目標を書きなさい。うまくいったことや課題となったこと、次にやるとしたらどんなことをするかについても書きなさい。
・このプロジェクトの活動すべてをｅポートフォリオにアップロードしなさい。
・締切は12月18日までです。すべてのものを、授業がはじまる前にメールで送っておいてください。

　○提出するもの

　　■グループの台本
　　■グループのムービー
　　■４枚の振り返りシート（グループのメンバー一人につき１枚）
　　■ｅポートフォリオにアップロードすべきすべてのもの

用しています。もちろん、エッセイを書くといった学習方法も高校では必要となります。しかしながら、多くの教師がいまだに実施している一連の流れを欠いたバラバラの活動では、生徒たちが学んでいる自らの過程について示すことはできません。

ここでは、高校の英語教師であり、成績なしの教室を推奨するアリック・フォスター先生が、「AP（iiiページの訳注5を参照）の、試験向けのエッセイ創作」から自由になって学習経験をつくり出し、どのように課題を再構成していったのかを紹介します。

「生徒の作品に点数を付けると、すぐに学びは止まってしまう」

ツイッターで見たこの言葉が、成績の付け方を変えるきっかけとなりました。何年もの間、到達目標に基づく学習を行っていたのですが、「4.0」～「1.0」という点数を付けることがフィードバック・サイクルを停滞させると感じていました。

生徒たちがフィードバックを受け、それを自分の心の内に取り入れ、同じ過ちを繰り返さないようになるまで成長していくというのが教師の夢です。しかし、このようなことは滅多に起こりません。理想とする学び方に近づけるためには、フィードバック・サイクルを洗練したものに修正しなければなりません。私の頭に浮かんできたのは、このようなことが大きな一歩になるということでした。

私がもっとも注目したのは「AP文学」の授業で、生徒たちが書いた「APエッセイ創作」の評価の仕方を変えたときです。それまで私は、この極めて重要な課題を評価するために、多様なルーブリックを使ってきました。そのすべてが到達目標と結びついたものであり、到達目標における習熟度を明確に説明することができるものでした。

さらに生徒たちは、より意味のあるものにしようとする試みのなかで、私からのフィードバックを記録していました。しかし、生徒たちの書いた作品が劇的によくなりはじめたのは、数字を付けたフィードバックから「文章のみのフィードバック」の形式に替えてからでした。

表3－3は、マーク・バーンズ（四五ページの訳注12を参照）が提案したフィードバックモデルに刺激を受けてつくったものです。バーンズは、フィードバックには「まとめる（summarize）」、「説明する（explain）」、「方向づけ直す（redirect）」、「再提出する（resubmit）」という四つの機能があると提案しています。表中にある「先生が見たもの」、「先生が見ていないもの」、「対象となる到達目標と評価」、「再考するためのヒント」、「再提出の計画」という項目について書きこんで、生徒に返すことは滅多にありません。

私の目標は、私がつけたコメントをできるかぎり客観的なものにすることです。厳しく判定したり、過剰なまでに褒め称えたりすることもなく、気づきを促すコーチになることであ

表３－３　通知表なしの授業フィードバック

フォスター先生は、課題に対する「ルーブリック」としてこれを記入します。以下の再提出の部分が完成したら、このシートを付けて提出してください。再提出する場合、フォスター先生のコメントに対する修正案や相違点があればこれに書いてください。

生徒名（　　　　　　　　　　　　）
課題　（　　　　　　　　　　　　　　）

記　　号	フィードバック
囲んだ言葉	用語選択の的確さ→文体分析と著者研究
波線を引いた言葉やフレーズ	文法的な間違い→白黒など等位関係
作者と作品と読者の関係？ どうやって？　答え？	進め方（作者の考え→作品の言葉や文学的工夫→読者に与える効果）を明確にしなさい。 作者がどのように意味をつくっているか説明しなさい。 具体的に作品から証拠となる部分を引用しながら、APの問いに答えなさい。どのようにその質問に答えるかという項目

先生が見たもの（　　　　　　　　　　　　　　　　　　　　　）
先生が見ていないもの（　　　　　　　　　　　　　　　　　　）

対象となる到達目標と評価

再考するためのヒント

再提出の計画

り、生徒たちの作品が設定された規準を満たしているかどうかを見極めるための助けとなることです。

このプロセスが学びの文化をつくるだけでなく、生徒たちのパフォーマンスに対する懲罰的な言葉や数字がなく、観察したことや修正に向けての提案だけが書かれているということを生徒たちが知るにつれ、彼らはリスクを冒したり、自分自身に挑戦できるということに気づきました。

このプロセス、すなわち再提出のプロセスは、私にとっても生徒たちにとっても、マインドセット（思考様式）の転換をもたらすものでした。もはや生徒たちは、得点を稼いだり「3.0点をとろう」とはしていません。その代わりに生徒たちは、**質問に答えたり**、**特定の表現方法を使ったり**、**主張を支える根拠を引用しよう**としたので、おおむねよく書けるようになっていきました。

生徒たちが学んだことをもとにした教え方・学び方は、生徒たちが「先生に言われた通りにする」ことから「目標に到達する」ことへと、その焦点を転換させることになりました。そして、私が完全に成績をなくし、課題にも点数を与えなくなったとき、生徒たちは本物の学びに向けて学びはじめたのです。

彼らは、新たなマインドセットで授業での活動に取り組みはじめました。その一つが仲間意識や成長マインドセットであり、決して従順に振る舞うことや停滞マインドセットではありませんでした。

生徒たちのマインドセットの変化は、教室での活動がうまくいっているかどうかを考える際の価値観を大きく変えるものとなりました。この変化があるまで私は、授業をしっかり行う教師であり、生徒たちが生み出したものに見合うだけの数字を決まりきったやり方で付けていました。そのような行為は、まったくためにならないものではなく、成長を促進し、到達目標に忠実なものだったと思います。しかし、いまでは、そのようなやり方は単に教えることだと考えています。

現在は、自分のことをコーチだと思うようになりました。コーチは「選手」がどのようにパフォーマンスしているかを見て、それがどれほど期待したものになっているかを分析し、パフォーマンスがより良くなるための環境を提供したり、「選手」を励ましたり、練習メニューを与えたりします。現在は、教師として肩肘はって指示を出すよりも、次の大きな試合でより良いパフォーマンスができるようにするために、笛を吹き、試合の映像を見せたり、厳しい練習を課したりするようになっています。

また、教えるだけでなく、コーチングをすることによって私は、自らのコーチングに足りない部分を簡単に見つけることができるようにもなりました。今年度のことに関して言うならば、この「文章のみのフィードバック」のプロセスを使うようになって、**質問に答えることの**領域を指導する際、私は困難を抱えているということが明確になりました。

では、私は何をしたのでしょうか？　私は、同じフィードバック・プロセスを実施しました。自分の不足していることに気づき、その部分を向上させるための情報をツイッターや「Voxer」（巻末参照）、そして専門書などを見て探しました。さらに、次の授業を修正することで自分の仕事を「再提出」したのです。

この再提出は、生徒たちの学びの文化をより良いものへと導き、生徒たち一人ひとりがより意味のある形で学べるようにサポートすることを可能にし、途切れることのない教師としての専門性を発達させていく道となりました。

昨年度、クレアという生徒にとっては、これはとりわけ意味のあったものだと思います。クレアは無理をしてＡＰの授業に履修登録をしましたが、年度初めは何度も到達目標以下をとって苦しんでいました。最初に挙げたエッセイの授業で私が提供したフィードバックは、先に述べたフィードバック・プロセスに沿ったものです。その詳細を紹介しておきましょう。

私が見たもの――エッセイ全体で、論旨の流れを明確にするための<u>つなぎ言葉</u>を一つだけを使い、主張を証明するための作品からの引用が一か所しかなかった。三つの効果的な言葉を使っており、意味を逸脱させるような文法的な間違いも見受けられなかった。

対象となる到達目標と評価――ある考えを次の考えへと移すために洗練した多様なつなぎ言葉を用いることで、書き手のスタイルに関する到達目標において、堪能であることを示すことができた。作品からの複数の具体例が、主張をどのように証明しているかを説明することで、質問に答えることに関する到達目標において、堪能であることを示すことができた。

再考するためのヒント――ほかの三名のエッセイを読んで、あなたが見つけた論旨の流れを明確にするためのつなぎ言葉すべてに強調線を引き、見つけたものを示しなさい。また、APノートの「どうやって質問に答えるか」の部分をもう一度見直して、使おうとしている方法がどれかを示しなさい。

再提出の計画――三つの関心領域を取り上げるために、第二段落を書き直してみてください。スタイルに関する修正には緑色で線を、質問に答えることに関する修正はピンク色で線を引いてください。

その後クレアは、成功に向けての複数の道を模索しました。それは、学習課題、クラスメイトの作品、私からのコーチングです。彼女が再提出したものは、人を納得させることのできる力をもったものであり、彼女が取り上げた到達目標を明確に説明することができるものであり、彼女がその関心領域を扱っているかどうか、そしてどのように扱っているかどうかが私に分かるものでした。

このようなフィードバックは、「たくさんの時間がかかる」ように思うことでしょう。そして、教師が毎時間、それぞれの課題で実現することは困難であると思うかもしれません。しかし、これこそが学びの生まれている瞬間なのです。これが、生徒と私が同じ教室に一緒にいる理由なのです(21)。

「ペーパー返却日」は、かつて「一〇分間レッスン」を行うために使っていました。その場で私は、生徒たちの作品で見られた同じような間違いを取り上げて、クラス全体に話をしていただけです(22)。いま私は、成績表(23)に数字を書き込んだり、ルーブリックの項目を囲むために時間を使ったりはしていません。私は、生徒たちの学びをより効果的かつ強力に引き出すために自分の時間を費やしているのです。

そうだ、クレアがどうなったかといえば、AP試験で「3(24)」という優良な成績をとりました。

まとめ

最善の成長を達成するために、生徒たちは自分の学びに熱心に取り組む必要があります。そしてそれが、さまざまな学習課題を記憶に残る学習経験へと再構成することが必要な理由となりま

---

(21)　教えることの真の意味と、それを実現するための方法が問われていると思います。「作家の時間、オススメ図書紹介」で検索して見られるものの多くと、『ようこそ、一人ひとりをいかす教室へ』を参照してください。

(22)　ペーパー返却日が、まるで日本のテストの返却日のように、教師から一方的な指導の時間となっていたということです。それに対して今では、生徒たちとのカンファランスの時間にあてられているということを示しています。そして、この転換は、教師が一方的によくなかった点を指摘して終わる時間から、生徒たちにとって自分の作品をより良くするための時間へと転換が図られたことを意味します。両者の違いは、生徒たちの成長にどれほどの差が生まれるのかについて考えると明らかです。生徒たちがほかの生徒と一緒に作品をどのように修正すればいいかの例を見たり、自らのレベルを向上させるためにさまざまな情報を集めたり、作品をより良くするための方法を明確にするために、教師とのカンファランスは必要です。

(23)　通知表とは違い、教師が生徒ごとに課題などを成績として残し、最終的にそれらを（ウェートづけして）算出したものが通知表に記入される、成績になるベースとなる資料のことです。「評価補助簿」や「えんま帳」などとも呼ばれています。

(24)　ＡＰ試験での「3」とは、アメリカの多くの大学で、入学後に単位として認定されるレベルのことを指しています。

す。一問一答での教室での教え方を(25)やめて、私たちは生徒たちの総合的な可能性を提示する豊かなプロジェクト学習をつくり出していかなければなりません。そうすることで生徒たちは、スキルを身につけ、学び手として、また他者と協力できる人としての成長を認識するために学ぶようになるのです。(26)

あなたの教室での学び、どのように見えているかについて考えてみてください。

本当に記憶に残るようなプロジェクトや学習経験を、子どもたちにどのくらい提供しているでしょうか？

これらの学習経験に成績を付けることが、その可能性をどれほど減らしてしまっているでしょうか？

課題を再構成するために、あなたがやらなければならないことは何でしょうか？

(25)　一問一答での教室での教え方とは、教師が答えをもっている発問をし、それに生徒の一人が答え、教師はそれを評価する、という典型的なスタイルの教え方を指しています。一斉授業であるがゆえに、日本で主流であり続けているこの教え方の詳しい分析については、『言葉を選ぶ、授業が変わる！』の第6章を参照してください。

(26)　教師の発問ベースの教え方に代わる後者の教え方に転換したい方は、七一ページの訳注20の参考図書をご覧ください。

ハック4

生徒たちが相互に助け合うようにサポートする

——教師が頑張るのではなく、生徒たちが頑張れるようにする

あなたは一日中、生徒に教えることができる。しかし、生徒が好奇心をもって学べるようにできれば、生徒は生涯にわたって自分で学び続けることができるだろう。

クレイ・P・ベッドフォード（Clay P. Bedford、実業家）

問題——教師が生徒の学ぶ内容と方法を決めている

教師しか価値のあるフィードバックができない場合は、すべての生徒が、常に必要なものを得られていないということを意味します。また、子どもたちは成長する機会を失っていることになります。

一方、自分の知っていることをほかの人に教えられるということは、高いレベルでその知識を身につけているということを示しています。私たちは、すべての生徒にそのレベルで知識やスキルを身につけてほしいと思っています。しかし、もし教師だけが「教える」という重要な要素をコントロールし続けるなら、多くの生徒はよく学べないことになります。教師がフィードバック・サイクルを一人で牛耳っているかぎり、このような深刻な結果が起こり続けることになります。

・一人の教師がたくさんの生徒を受け持つという不均衡が、生徒たちのニーズを満たすことを困難にしている。
・教師によってすべてがコントロールされることで、生徒は自立した学び手にならず、依存した学び手になっている。
・教室にいる子どもたちがもっている得意分野／専門性をいかすことができないので、貴重なリソースを無駄にしていることになる。

ハック――生徒が相互評価しあえるように教える

生徒たちは評価のプロセスにかかわりたいと思っています。ただ、自分がかかわれるとは思っていないだけなのです。ほとんどの生徒が高校生になるころまでに、善悪の判断について誰かに言われることに慣れすぎてしまい、自分が意見をもってもいいのかと不安がっています。このような状況を変えるべきときが来ています。

教師は、生徒たちに自分の得意分野におけるフィードバックの専門家や、優れたピア・カンファランスのリーダーとなる方法を教えるために授業時間を割くことができます。このプロセスを確立するまでには時間がかかることになるでしょうが、そのことで得られるものはとても大きいものとなります。

ほかの人がやっていることについて検討し、改善するためのアドバイスを提供することは、すべての人にとって難しいことですが、やりがいのあることです。もちろん、大人にとってもそうです。したがって私たちは、生徒たちがクラスメイトを助けるだけの自信をもつことができるようになるまでサポートをしなければなりません。

生徒たちがお互いにサポートできるようになれば、教師にとっても生徒にとってもよい環境になります。ほかの人をサポートするとき、生徒たちはより優れた、より熱烈な学び手になります。そして、教師は、より多くの助けを必要としている生徒を支援することができるようになります。それに、生徒たちが相互に助け合うことで、プロジェクトの創造と継続的な評価に必要とされる時間をつくり出すことも可能となります。

あなたが明日にでもできること

このような形で生徒たちに練習させることは、明日からでもできます。プロジェクトがスタートして生徒たちが取り組みはじめたら、教室の特定の場所に「コーナー」を設置して、生徒たちに対するフィードバックの練習をすることができます。

生徒たちにやり方を示す

私たちが期待している言動のモデルを示すことは、欠かすことができないほど大切な行為となります。そうすることで、生徒たちに価値のあるフィードバックを提供することの意味が提示できるからです。たとえば、生徒たちが取り組んだもののなかから一つを取り上げ、そのなかの特定の好ましい要素を強調する形で、自分が観察したなかで基準を満たしていた部分を共有するのです。

肯定的なフィードバックからはじめることが望ましく、そのあとで改善が必要なところを扱います。たとえば、教師が理科の実験に関してフィードバックをする場合、「実験の各ステップについてはよく説明されているが、結論の部分では結果を十分に踏まえた形での考察ができていない」と話すことができます。

フィードバックは、生徒たちの年齢やその内容の習熟レベルに応じてさまざまです。教えることがどんなものでも、フィードバックは常に具体的で、向上するための方法を提案するものでなければなりません。(1)

(1)　これをする際に、小学校の中学年にもできてしまう方法があります。それは「大切な友だち」という方法です。「PLC便り、大切な友だち」で検索すると、そのやり方が説明されています。ちなみに、これは大人のほうがうまくやれるようになるまでに時間がかかります。よいことをなかなか指摘できず、すぐに批判的になってしまうからです。しかし、九一〜九二ページの「ステップ4」や「ステップ5」にも書いてあるように、練習次第で誰でもできる方法なのです。

生徒たちが特定領域の専門家になれるように、三〜四人のグループに分ける

生徒たちが最大限の力を発揮できるように、意図的に生徒たちをグループに分けます。グループがもっともうまく活動できるように、さまざまなレベルの生徒の組み合わせを考えましょう。また、フィードバックを提供したり受け取ったりする場面で出てきそうな問題をあらかじめ予想しておきます。

特定領域の専門的知識についてミニ・レッスンで教える

フィードバックの仕方についてのミニ・レッスンの準備をして、生徒たちに「専門家グループ」という考え方を紹介します。生徒たちが、自分たちは専門家になる方法を学んでいるのだということや、フィードバック・サイクルが重要である理由を理解できるようにします。生徒たちに振り返りの時間を与え、友だちにフィードバックすることについて質問を出し合います。生徒たちは、質問をたくさん出すはずです。

生徒たちが情報機器を使うことができれば、ドキュメントにコメントを残す方法を教える

「グーグル・ドキュメント」（巻末参照）は、この活動をするために便利なツールです。生徒たちは、マックやパソコンを使う、使わないにかかわらず、リアルタイムでコメントを共有す

ることができるからです。いま見ているアプリを最小化して、文章にアンダーラインを引いたり、ワンクリックで簡単に選択肢を選べるプルダウン・メニューを使ったりしてコメントを付けます。コメントを書き終えたら、「コメント」をクリックして、記入したフィードバックを保存し、忘れないように注意します。

完全実施に向けての青写真

ステップ1　生徒たちを専門家グループに分け、互いのことをよく知り合えるようにする

生徒たちが活動しはじめる前に、グループのメンバーがお互いのことを知り合えるようにしなければなりません。一緒に活動する時間を生徒たちに提供することで、メンバーの学びのスタイルを知ることができます。誰がリーダーシップを発揮するか？　それぞれのメンバーはどんな役割を担うのか？　グループはどうやって協力するか？　などです。

役割は、内容や課題によってさまざまなものがあります。リーダーは、グループが課題に取り組み続けることができるように努めます。ほかのメンバーが時間を管理したり、さらにほかのメンバーが協力して、活動する最善策を提案したりするかもしれません。

ステップ2　ICTの使い方を見直す

フィードバックは紙面上でもできますが、グーグル教育サイトのような「プラットフォーム」[2]を利用した場合、フィードバックはさらに効果的なものになります。グーグル・ドキュメントは、簡単に共有したり[3]コメントを付けたりすることができます。また、クロームブックに追加すると、フィードバックのサイクルをより効率的なものにすることができるアプリもたくさんあります。

どのアプリを使うにしても、定期的にそのプロセスを見直すことが重要です。生徒たちがそのICTを十分に理解していると、勝手に思いこんではいけません。

ステップ3　特定領域の専門知識を磨けるように、各グループと一緒に活動する

いったんグループをつくったら、教師は教えている内容やスキルに応じて助けとなるフィードバックを提供しながら、それぞれのグループを個別にサポートします。その間、教師はそれぞれのグループと個別に活動します。まずは、生徒たちが活動を開始するにあたっての課題を見極めるためのサポートをします。そして、ほかの生徒の助けとなる優れたフィードバックの言い回し

> 私たちがさまざまな機会を提供できれば、生徒たちは隠れた力を発揮したり、新たなチャレンジを見つけたりすることができる。

や方法を蓄積できるようにサポートします。

もう一つのよい活動は、ルーブリックを生徒たちと一緒につくることです。(4) そうすることで、成功したと言える規準やフィードバックに使える具体的な言い回しについて、生徒が理解するためのサポートが可能となります。生徒たちがドキュメントにフィードバックを書きこむ際、ルーブリックで使われている到達目標の言葉を具体的に言及すべきです。

ステップ4　フィードバックを規範として、一緒に活動する時間を与える

生徒たちがしっかりフィードバックの練習ができるよう、十分な時間を授業中に確保する必要があります。その時間があるからこそ、生徒たちは家でも取り組むのです。

授業中は、生徒たちがチームとして活動できるようにしておきます。そして教師は、生徒たち

(2) パソコンのオペレーティングシステムのことを指しています。

(3) グーグルが開発したオペレーティングシステムを搭載したパソコンのことです。通常のパソコンより安価で手にすることができます。このパソコンは、通常のパソコンのようにパソコン内にデータを保存するではなく、インターネット上にデータを保存することになります。

(4) ルーブリックを一緒につくることも含めて、成功の規準を自分たちのもの（自分たちがすることの規範）にしたり、それをベースに振り返ったり、自己評価までする事例として、『最高の授業――スパイダー討論が教室を変える』がとても参考になります。

のフィードバックの様子を見ながら、生徒たちの質問に答えます。生徒たちが迷ったと思ったときは、しっかりと質問するようにすすめます。また、生徒たちがフィードバックしているときでも、必要と思えば、理解を深めるために質問をするように促します。

生徒の取り組みを褒めて自信がもてるようにし、彼らが間違った情報を伝えたりすることがないよう、できるかぎり素早く修正を行います。

ステップ5 頻繁に練習する

フィードバックは練習を必要とする活動であるため、一定期間に繰り返しフィードバックする機会を与えます。数回やっただけで完璧になることはありません。力のある生徒でも、最初は困難を抱えることがあるはずです。なぜなら、適切なフィードバックをすることは、ほとんどの人にとっては未知のことだからです。生徒たちにやり取りを続けるように促し、協力することの価値を理解してもらいます。

また、疑問をもつことはいいことで、見逃してしまっても心配ないということを生徒たちに伝えなければなりません。教師は生徒の後ろに控えていて、いつでも必要なサポートが提供できるようにしておきます(5)。年度が進むにつれて、すべての生徒が相互評価と自己評価がうまくできるようになるはずです。

ステップ6　多様な機会を得るためにグループを変更する

得意な領域でさまざまな役割に挑戦する機会を生徒たちに提供することが重要となります。生徒たちは一つの領域からスタートしますが、彼らがそのプロセスのなかで特定の役割を身につけたならば、新たな課題を与えなければなりません。なぜなら、やってみないと自分にどんな力があるか分からないからです。

現在、得意なことを増やすには、学びはじめるのが遅すぎるという状況が見られます。その理由は、うまくやれる機会として一つの領域しか提供されていないからです。教師がさまざまな機会を提供すれば、生徒たちは隠れた力を発揮したり、新たなチャレンジを見つけたりすることができます。

ステップ7　ピア・フィードバックをクラスの習慣にする

何事も、習慣というものは多くの問題を解決することになります。生徒たちが一貫して取り組むことができるからです。習慣や決まったやり方がある場合、生徒たちはそれを自らやれるよう

(5)　ここに書かれてあることの具体例が、前出の『最高の授業――スパイダー討論が教室を変える』で読めますので参考にしてください。

になり、教師に頼らなくてもあらゆる疑問を解決していくようになります。非常事態が起きた場合や、ほかの生徒がサポートできない場合にのみ教師は必要なのだ、ということを生徒たちが理解し、お互いに頼り合うことを学べるようにします。(6)

ステップ8　その習慣が長続きするように生徒たちを励まし続ける

習慣にすることよりも重要なことがあります。生徒たちが前進しながら、その習慣を自分たちで管理できるようになることです。生徒たちには、困ったときに助けてもらえるリーダーが存在するようにします。一方、ほかの生徒たちはリーダーを励まし、サポートをします。生徒たちがつくり出した学びの機会を、みんなで成長させ、一人ひとりをいかすという有機的な教室に変えていきます。

ステップ9　必要に応じて修正する

あらゆる計画には修正が必要となります。気を配って微調整をしてください。期待される成果が習慣によって生み出されるように、クラスの状態を見守り続けてください。ミニ・レッスン、小グループ対象のカンファランス、そして一対一のカンファランスで微調整をしていきます。(7)

すべてが順調に進んでいるかどうかを調べるよい方法は、カンファランスで各生徒の様子を確認し、振り返りシートを使ってフォローアップすることです。確実に、自分の声を聞いてもらえていると感じられるようにするのです。「うまくいっている？ 何か問題はある？」などの質問をしてみてください。また、マイクロソフトの「Socrative」（巻末参照）のようなツールのおかげで、わずかな時間で驚くほどたくさんのフィードバックが教師に提供されるので、容易に取り組むことができます。

課題を乗り越える

「成長マインドセット」をしっかりと理解することで、どんな課題があるかの予想が可能になります。多くの教師は、子どもたちをコントロールすることが大好きです。したがって、生徒たちや保護者と同様、教師も不満をもつかもしれません。教師たちがもつ不満のいくつかの例と、そ

（6）まさにこの状況を実現しているのが、ライティング・ワークショップやリーディング・ワークショップの教室です。「WW便り、WWが成功する要因」で検索してください。

（7）ライティング・ワークショップとリーディング・ワークショップの主な指導方法です。これらができるようになると授業の幅が広がります。「ステップ9」の見出し通り、指導しながらの修正がやりやすいからです。

れに対する対処方法を示しておきましょう。

不満①　生徒たちにはフィードバックする資格がありません。本当のことです

まず言えることは、成績の世界に縛られているため、生徒たちに対して十分な気づきを与えられるほど優れたフィードバックができる教師がほとんどいないということです。普段、生徒と同じように教師も一緒に学んだり練習したりしているので、専門的なスキルを身につけるまでには時間がかかります。

教室に助けられる人が多ければ多いほど、学習環境はより良いものになります。何人かの生徒がもっている能力をさらに高めたり、それを実際にいかしたりすることで、その能力を最大限に利用するのです。そうすることで、すべての子どもが必要としているものを手に入れることができます。「フィードバックを身につけた」状態で生徒たちはスタートすることができないかもしれませんが、すぐに学ぶことができます。

不満②　友だちは、教師のようにフィードバックしてくれません

生徒たちは、仲間が満足できるフィードバックをしてくれなかったり、授業以外でフィードバックをくれなかったりすることに不満をもつかもしれません。このようなことが起こった場合、

教師は生徒たちに説明をして、すべての生徒がうまくフィードバックできるようにしなければなりません。

何人かのフィードバックは、初めのうち、教師のものやほかの生徒のもののように効果的なものでないかもしれません。しかし、よりたくさん練習することで、彼らは特定のスキルを確実に身につけることができます。生徒たちに相互評価の価値をしっかりと理解させ、もがくことは大変いいことだ、と説明します。それが「学ぶ」ということだからです。

彼らに、目標としているのは、教師と同じレベルで学んでいることを相互評価できるようになることだ、と伝えてください。生徒たちはこのような話を聞くことが好きですし、彼らの自信も高まるはずです。

不満③　教師だけが生徒たちを助けるべきだ

教師は教えることでお金をもらっているのだから、生徒にその責任を押し付けるべきではない、と言う人がいるかもしれません。しかし、二一世紀となったいま、教えるということは教師だけにかぎったものではありません。教師だけが教えるべきだというのは、まったくもって古い考え方です。本物の学びは、実際にやってみることで起こるものなのです。だから私たちは、生徒たちが熱心に取り組めるように学びの指揮を執りながら、生徒たちが主体的に学べる機会を提供しなければなりません。

学び手は、権限を与えられたり、練習したり、失敗したり、またそれらのサイクルを通して前進していくことができます。もし、この重要な役割を教師だけが担い続けていたら、子どもたちから学びの機会を奪ってしまうことになるのです。

それに、子どもたちにフィードバックができるように教えることは、教師がその務めを子どもたちに押し付けていることにはなりません。実際、多くの優れた教育者は言っています。教師のもっとも大切な責務は、生徒たちに、学びについて効果的に話し合うことを教えることだ、と。(8)

不満④ これは、国語の授業だけでうまくいくことだ

生徒たちのフィードバックが可能となるのは、国語の授業にかぎったことではありません。すべての教科において可能です。生徒たちに、探究者や専門家になってもらうのです。そうすることで、教師は必要に応じて一人ひとりをいかす指導が行えるようになります。

たとえば、算数・数学や理科でフィードバックを取り入れる第一歩として、相互評価者に「なぜ、このやり方でやったのですか?」とか「これをやっていたとしたら、結論は変わったでしょうか?」などと問うことを教えるのです。生徒との協力関係は、創造性(とクリティカルな思考力・訳者付記)をもった教師に制限のない学びの可能性を提供します。(9)

ハックが実際に行われている事例

私が行っているジャーナリズムの授業は、生徒たちの情報発信局としてうまく機能しています。言うまでもなくそれは、責任を担えるように生徒たちが育っていないと無理です。私たちの目標が、生徒たちが責任をもち、自立した考えのもと行動できるような人になることであれば、そのプロセスと生徒たちを信じる必要があります

〈WJPSニュース〉(10)という新聞づくりの授業においては、リーダーとなる生徒たちがすべての責任を担っています。チーフ編集者がすべてを見わたし、数人の第二編集者がそれぞれ専門としている分野の監督をしています。また、ウェブチームはウェブサイトを管理維持しています。そ

---

(8)　この段落で書かれていることの実践例が、『最高の授業――スパイダー討論で教室が変わる』で紹介されている生徒主体（教師の介入なし）の話し合いです。ぜひ、ご一読ください。

(9)　すでにライティング・ワークショップとリーディング・ワークショップの応用プロジェクトが算数・数学、理科、社会などでも行われていますし、『最高の授業』のなかには、数学、理科、社会などでの実践例が紹介されています。

(10)　（World Journalism Preparatory School）大学進学を目指す私立の中等学校のことです。

して、マネージャーたちは、みんなが確実かつ生産的に活動できるように努めています。

彼らはみんな、私に報告をしてくれます。彼らが生産的にやるべきことをしている間、私は書くことに困難を抱えている生徒たちのサポートを行っています。

時間をかけて何度も練習しながら習慣化ができたなら、編集に携わるリーダーたちを養成する必要があります。私たちがつくっている〈ＷＪＰＳニュース〉のスタッフはレベルの高いバランスのとれた記者であり、正確な記述の重要性についてよく理解しています。

最初は私がすべてをやっていましたが、それが学びのプロセスにおいては妨げとなっていました。しかし、習慣化するためには必要なことでした。編集のリーダーたちが優れたフィードバックを行ったり、質問に答えたり、ＩＣＴを使うことに慣れたら、記者は自信をもってレポートができるようになりました。決して、教師である私に対して書いたものではありません。

普段の〈ＷＩＰＳニュース〉は、おそらく大混乱しているように見えるかもしれません。生徒たちは新聞の健全性に貢献しようと、各々が自分のペースで、自ら選択した課題に取り組んでいます。まず生徒たちは、どのような記事が書かれているかについて、情報交換をする場所である「グーグル・スプレッドシート」(11)を見ます。そして、教師が考えたテーマか生徒自らが考えたテーマのどちらかを選び、提出期限を決めます。通常の場合、その提出期限は一週間後となっています。あまり起こらないことですが、テーマが適切でない場合は編集者がフラッグを立てておき、それを私が確認してから記者とカンファランスを行っています。

そこから生徒たちは、授業中や家に帰ってから調べたり、インタビューをしたり、下書きを書いたりします。ほとんど毎日、パソコンやスマートフォンを使って作業をしています。そして彼らは、必要とあれば、取材許可証を持って自由に教室の外に出て作業を行うことになります。

記者が下書きをはじめたら、第二編集者と教師がその原稿を共有します。彼ら（編集者と教師）はそれを見て、スケジュール内で適切なフィードバックを行います。最初の下書きへのフィードバックは、常に内容に関することです。「書いていることが明確か？」、「書き手はすべての質問に答えているか？」、「生徒たちから多様な意見が取り上げられているか？」といったことですが、初回は正確さに関するフィードバックを避けています。正確さに関しては、のちの校正作業で行うようにしています。

内容に関するフィードバックのあとに記者は、編集者の関心事に応じられるように、もう一度調べたり、インタビューを行ったり、あらゆる情報にハイパーリンクを貼ったりして文書を再送します。その記事について第二編集者が完成したと判断した場合は、チーフ編集者の新鮮な目で

(11)　グーグルが開発した表計算ソフトのことです。オンラインで、簡単に表を作成したり、共有したりすることができます。

見てもらいます。変更事項がなかったら記事は、事実確認役、校正担当、そして掲載に向けてウェブチームのもとに届けられます。

教師である私はこのプロセス全体を監督していますが、積極的にかかわることはありません。「火消し役」でしかなく、自由でオープンな報道を行うためには、生徒たちの責任とコミットメント（成果を上げるために最善を尽くすこと）が求められていることを常に理解できるように配慮しています。

授業中、私は教室の中を巡回し、生徒たちの様子を見て、カンファランスを行ったり、問題解決をしたりしています。より多くのことについて生徒たちがコントロールできるようになれば、特定のサポートを必要としている生徒に割ける時間が増えます。

生徒たちのリーダーシップのもと授業がうまく機能しているので、その勢いを次年度へつなげていくのも簡単です。私がサポートをしながらですが、途中から、今年度のリーダーが次年度のリーダーたちにいろいろなことを教えはじめるのです。この行為により、新たな生徒たちが成功に向けて取り組むことができるのです。つまり、生徒たちが、新聞を続けていくうえで必要となる責任と自制心を理解しているということです。

彼らは十二分に役割を果たせると思っていますし、新聞を発行していくためには、自分たちが頼りがいのある存在でなければならないことも分かっているのです。

まとめ

学校は、教師のためではなく生徒のためにある、ということをしっかりと意識しておくことが重要です。したがって、生徒たちがコントロール可能な学びの量を増やすことさえできれば、その分だけより良い学びの場が生まれるのです。フィードバック・プロセスにおいて生徒を協力者にすることで、ほかの人を助けたり、協力したりするといった価値のある経験が提供できます。

あなたの教室で、フィードバックをコントロールしているのが誰なのか考えてみてください。

生徒たちは、どのような状況であればもっとコントロールができるようになるでしょうか？

信頼感のある協力関係を築くにあたって、第一歩となるものは何でしょうか？

生徒たちが主体的につくり出していく教室において、あなたの役割はどのように変化するでしょうか？

ハック5

データをデジタル化する
——データ収集を簡素化し、ＩＣＴを使ってより多くの情報を学びに活用する

教科書のような教育ソフトウェアが、学びのプロセスにおいて唯一のツールでないと認識することが大切だ。多くの経験を積んだ教師と指導者、および保護者の教育への参加に代わるものはない。

キース・クルーガー（Keith Krueger・教育工学者）

問題——データ収集

「データ」という言葉が流行語として頻繁に用いられる今日の教育世界において、しばしば教師は、今後一度も使わないであろうと思われる情報を収集させられることになります。バインダーは番号順に整然と並べて置かれ、クリップボードがたくさん購入され、何十枚もの集計用紙が作成されますが、ほとんどの場合、二度と活用されることがありません。

教師がテストのデータを分析しようと、教室での観察から得られるデータを収集しようと、そのデータが利用されることはめったにありません。また、収集したすべてのデータを見極めるだけの時間が十分にあるわけでもありません。なぜなら、データを収集して分析することに多くの時間がとられているからです。以下に、これまでのデータ収集に関するいくつかの問題を紹介します。

・あまりにもたくさんのデータが収集されているのに、十分に活用されることがない。
・データ収集に多くの時間がかかっている。
・収集されたデータが、生徒の学びを高めるために活用されていない。
・教師はバラバラにデータを集めており、出来事を本質的に理解するための価値ある材料として活用していない。

ハック——教室での学びをより効率的にするためにデータをデジタル化する

データ収集の際、余計な手間をなくして合理化し、そのデータを意味ある形で学びのために活用する方法があります。それは、グーグル・フォームやその他のデジタル・ツールを使うことです。生徒たちを評価プロセスに参加させたり、のちに見返したり、編集したり、共有したりすることができるという、リアルタイムでデータを作成する方法です。

次ページの**表5-1**は、生徒用記録フォームの一部です。これは、生徒が映画を観たあとに、フィードバックしたり、データを作成したりするためにつくったものです。

このフォームを使って生徒と情報を共有し、フィードバックをもとに目標を立てます。このフォームは、データ収集を行い、集計も行うことができるようになっていますので、よくあるようなデータ記入フォームを使わなくても済みます。

このフォームを使うことで、情報共有がより簡単で、より効果的なものになります。また、生徒たちを参加させることで、教師が指導の修正を行うために必要とされるより具体的なデータの収集が可能となります。

表5－1　生徒用記録フォーム

あなたのグループは、風刺を理解していると思いましたか？　あなたがそう思った理由を詳しく説明しなさい。

あなたが風刺について知っていることをもとに、その映画のどの場面で風刺が使われていたと思いますか？

グループは、創造的な創作活動をするにあたってディケンズの『大いなる遺産』をよく理解し、うまく使っていましたか？

作品のさまざまな要素(注)は正確で適切ですか？

あなたのグループが達成していると思う到達目標は、次のうちどれですか？　当てはまるものすべてにチェックを入れてください。

□読むこと1.2　文学作品のさまざまな要素について理解している。
□読むこと2.2　作品の意味を理解したり洗練させたりするために文脈を用いている。
□読むこと3.2　作者の工夫やレトリック、言葉の遣い方、スタイルの用い方を解釈したり、分析したり、評価したりしている。
□書くこと1.1　目的、目標、読み手、ジャンルを分析している。
□書くこと2.2　必要な情報やアイディアをつくり出したり、選択したり、つないだりして構成している。
□書くこと3.1　導入部分のなかでテーマを展開できるように文章を作成している。
□生徒は、狙った効果を出すために、文体を選んで言葉を使っている。
□書くこと5.4　プレゼンテーションや出版に向けて資料を準備している。
□話すこと3.1　プレゼンテーションやパフォーマンスの計画を立てる際に、目的、聞き手、文脈について分析している。
□話すこと3.4　プレゼンテーションを行い、聞き手の理解の具合を見て、それに応じて修正している。
□メディア2.1　メディアを使ったコミュニケーションの本質を理解している。
□メディア2.2　創造的にメディアを使ったコミュニケーションを生み出している。
□生徒は、ICTの特性や編集方法を理解している。

（注）作品の要素とは「文学的要素」と呼ばれるものであり、物語の設定、視点、物語の筋、テーマ、伏線、人物造形などのことです。

あなたが明日にでもできること

データのデジタル化も継続的なプロセスとなりますが、それをはじめるにあたってすぐにできることがあります。

記入フォームをつくって生徒と共有する

グーグル・フォームや「Survey Monkey」[1]などのツールを使って記入フォームをつくればとても簡単ですし、時間もかかりません。短時間でできる評価や、素早くできる「いま、調子はどう?」などのフォームをつくっておけば、明日からでもはじめることができます。

これは文字通り、オンライン上の最適な場所に一つか二つの質問を掲載し、その下に回答欄をつくり、「公開」のボタンをクリックして、そのフォームを生徒と共有するというものです。

---

(1)　翻訳協力者から「驚きです！　公立の小中学校ではまだ壁は高いですが、学校にタブレットが入ってきていることを考えると、もう間もなく、という気もします」というコメントをもらいました。日本においても、ハード面だけでなく、巻末に示したアプリ一覧にあるようなソフト面の充実も図っていくことが大切です。

生徒の学びの記録写真や動画を撮る

すべてを書き留めていく代わりに、スマートフォンやタブレットを使って学びの記録を撮ったり、短いビデオクリップを撮ったりすることで、あとで見直したり、保護者や地域の人と共有することもできます(2)。また、子どもたちの活動例や文章化したフィードバックを保存しておくための素晴らしいクラウド・ストレージ(3)を提供してくれる、多くのウェブ・ツールやアプリケーションもあります。

ツイッター上にクラス用ハッシュタグをつくる(4)

クラス用のハッシュタグ(三〇ページも参照)を使うと、教室の内外で生徒たちと対話ができるようになります。私のクラスでは、新聞の授業のためのハッシュタグをつくっています。ＡＰ文学の授業のための「#WJPSAPlit」といったクラス用のハッシュタグをつくっています。ハッシュタグが自分のクラスのものだと分かるように、学校とコース名のイニシャルを使うようにしています。これにより、第三者がクラスの話し合いに参加できないようにしています。

生徒たちには、どうすれば同じハッシュタグをつけたつぶやきを簡単に読めるかについて説明しなければなりませんが、ハッシュタグの効果的な使い方を紹介してくれる動画がユーチューブにありますので参考にしてください(5)。

完全実施に向けての青写真

ステップ1　再利用したり修正したりできるように、オンライン・アンケートの雛型をつくる

使うツールが見つかれば、次はさまざまな種類のデータを収集するために、自分が教えているすべてのクラスで使うことができる何種類かの雛型をつくります。いくつか、ヒントを示しておきましょう。

・記入フォームは一般的なものにします。生徒が所属クラスを書きこめる欄もつくります。この一般的な質問欄によって、収集したい項目に応じて簡単に質問用紙を変更することができます。こうしておくと、新しい記入フォームをつくる場合も、いままでにつくったものを使

（2）翻訳協力者から「保護者や他の教員と共有するためにも必要と感じました」というコメントをもらいました。生徒の成長にかかわるすべての人との情報共有の仕方を考えていく必要があります。
（3）自分のパソコンや携帯端末などではなく、インターネット上でデータを保存する場所のことです。
（4）ツイッターを利用する際、ハッシュタグ（#キーワード）を付けると関連するつぶやき検索がしやすくなります。
（5）日本でも、ハッシュタグの効果的な活用方法について解説している映像を見ることができます。「ハッシュタグ、効果的な使い方」で検索してみてください。

って簡単に作業をすることができます。

・記入フォームは、明確な目的をもったものにします。たとえば、カンファランス用に準備するのであれば、「カンファランス用」とタイトルを付けておき、目標設定欄やフィードバック欄を用意しておきます。生徒たちが学期末に学びを前進させられるためのサポートツールとして、長期にわたって記録できる振り返り用紙を作成しようと思うことがあるかもしれません。長期にわたる記録用の質問用紙は途中で使いにくいものになりがちなので、注意してつくらなければなりません。

・できるだけ質問項目は簡単なものにして、生徒たちが短時間で書きこめるものにします。

・授業の最後に「振り返りシート」として使うことができる記入フォームをつくります。

・特定の到達目標や、スキルの成長について説明できる記入フォームを作成します。

・常に「どんなデータが必要か」と自分に問いかけ、あなたが必要としている情報を提供してもらえるように生徒に尋ねます。

ステップ2 データを見直す

データを見直す時間を確保します。まずは自分だけが見て、もし気になる点があれば、生徒たちと一緒に見直します。データから見つけたことをもとに、生徒たちが目標を立てたり、方法を考えたりすることを助けるメモやフィードバックを付け加えていくようにします。

ステップ3　データをもとに指導法を修正する

データを見直したのであれば、最善の活動計画を立てます。以下に示す重要な質問を振り返ったり、答えたりすることが役立つはずです。

・クラス全体、小グループ、あるいは生徒個人に対して、もう一度教える必要があるものがあるか？
・次のテーマに移る準備はできているか？
・今後の授業に向けて変更すべきことはあるか？
・同じスキルや概念を生徒たちがしっかりと身につけることができるように、さまざまな活動が準備されているか？

ステップ4　同じ生徒たちを担当している同僚とデータを共有する

共通のミーティング時間をもてない場合は、同僚とカンファランスすることが課題となります。そんなとき、チームのメンバーとオンライン上でデータを共有しておくと効率がよくなります。もし、グーグル・フォームを使うことができるのであれば、集計用紙にほかのメンバーが情報を書きこんだり、質問したり、観察したりすることもできます。

こうすることで、すでに多くの課題を対処していることになるので、直接会う時間を節約することができます。また、この方法によって、直接会うことができなくても簡単な問題であれば解決することが可能となります。

ステップ5 定期的に情報を更新する

上手にデータを使うには、定期的に情報を更新することが大切です。毎日、生徒全員のファイルを更新する必要はありません。しかし、大きな活動やユニットごとには情報を書き加えたり、修正したりする必要があります。常に変化を記録し、記録したものが正確になるようにしておくのです。スマートフォンでも操作可能なものを選んでおけば、更新がより簡単になります。

ステップ6 常にデータのバックアップをつくり、管理を忘れない

作業した内容を常に保存しておき、あとで保存した場所が探しやすくなるようにタイトルを付けておきます。グーグルなどのクラウドを活用したサービスに不具合が起きたときに備えて、USBなどの記憶媒体に情報を保存しておくようにしましょう。

課題を乗り越える

多くの人が最善策だと理解していないにもかかわらず、人というのは慣れている方法で活動したがるものです。それゆえ、ＩＣＴは意見の対立を招く話題となっています。データのデジタル化に反対する人々に対処するために、三つのアドバイスを示しておきましょう。

反対①　ＩＣＴを常に利用できない

スマートフォンでも使えるものを選べば、いつでもＩＣＴが利用できる環境にいることになるので、スマートフォンやタブレットを使って作業が可能となります。多くのクラウドベースの保管場所（ドライブ、ドロップボックス、エバーノートなど）はお金のかからないアプリであり、教師や生徒にとってはデータ収集を簡素化してくれるものとなっています。

学校用のWi-Fiの速度が遅かったり、切れやすかったりすることも考えられますが、生徒たちは家庭や図書館などからでもデータを書きこむことができます。生徒たちは、記入フォームにログインするためのメールを受け取ることができればいいのです。最悪の場合でも、生徒は手書きでデータを書きこみ、あとで教師がオンラインの記入フォームに入力すればいいのです。

反対② ＩＣＴの使い方が分からない

やり方を知らないままでいるというのは実に怖いことですが、教育の担い手が前進することをやめてはいけません。同僚や管理職にサポートを求めましょう。オンライン上にある何千もの情報を使って、変革を助けてくれるサポート・チームを探すことができます。

個別指導がたくさん行われることで、新しく加わる人たちは短期間で多くのことが学べるようになります。新しいＩＣＴに取り組むことが指導と学習に大きな影響を与えるということを、保護者や同僚たちに強調しましょう。

反対③ 手作業でやるのと、どこが違うのか

私たちはノートに情報をよく書いていますが、書いたことをあまり見直したりしていませんし、ノートをなくしたりもします。オンラインで収集したデータは、使いやすい形につくり直すことができますし、どこからでもアクセスが可能です。

そのデータはほかの場所にまとめることもできますし、コピーアンドペーストすることで、生徒たちのフィードバックを目標やほかの計画のなかに簡単に取り入れることもできます。さらに、今日の学び手たちは好んでオンラインで作業をしているため、彼らはより容易に、価値ある情報を書き加え、クラウド上に保存されているフィードバックに反応することができるのです。

ハックが実際に行われている事例

教室にグーグル・フォームを初めて取り入れたとき、私がつくった記入フォームは使いにくいものであり、生徒たちの回答数も乏しいものでした。いつものことですが、初めて取り組む場合、つくった記入フォームによって達成したいことは何かを注意深く考え、一度にすべてのことをやろうとするのを諦める必要があります。その結果、私は記入フォームを修正し、生徒たちに修正版を改めて送りました。

授業時間を使って私は、生徒たちが意味ある方法で書き上げられるようにしました。これにより、生徒たちが質問したいことがあれば、私はその場ですぐに答えることができるようになりました。

生徒たちが自分のペースで回答している間、私は教室の中を歩き回り、回答する様子を肩越しに見ました。すると、生徒たちと一緒に作業する方法についてさまざまな考えが浮かんできました。すでに教えたと思っていたにもかかわらず、何人かの生徒がそのテーマについて理解できていないことを知ったのです。たとえば、ＩＣＴの授業を受けている九年生たちは、報道倫理についての質問に回答した際、表面的な理解しかできていないことが分かったのです。報道倫理についてもっと時間をかける必要があることが明らかになり、生徒たちが理解できるようにするための方法が、まさにこのときに浮かんできたのです。

最初の課題のほとんどが読書を中心とした活動であったため、次は身体を使って実際にやってみるという活動を取り入れたいと考えていました。そこで私は、二つ目の課題を寸劇にしました。グループとして、生徒たちはジャーナリストが直面する倫理的ジレンマを明らかにしなければなりませんでしたし、その後、ジャーナリストがどのようにしてその問題を解決するのかについてもリハーサルをしなければなりませんでした。

二つ目の課題のあと、同じ記入フォームに記入してもらったところ、生徒たちが理解できていることが確認できました。さらに、生徒たちがより時間を必要としていることが分かり、この生徒たちにとっては、単に読書をするだけよりも実際にやってみることのほうが意味のある活動であることも学びました。

新しいデータが収集できたので、記入フォームにある集計用紙の結果を修正することができたほか、そのデータから学んだことをもとにして、次にすべきことを再考することもできました。

学年が進むにつれて、このクラスの生徒たちにたくさんの選択肢を与えると、かえって生徒たちの成長に弊害をもたらすことになると分かりました。あまりにもたくさんの選択肢を与えることで、生徒たちを混乱させることになるのです。もし、データ収集のプロセスを通して生徒たちが学びを共有してくれなかったら、このことはいつまでたっても分からなかったでしょう。

学年末に向けて、私はそのデータを使って振り返ることができ、その年の最終評価を修正し、生徒たちが自己評価フォームの準備をするサポートができました。これらの活動はすべて結びついており、生徒たちはクラウド上で作業する利点を理解していました。

このデータ収集の方法は、私の指導プロセスをガラス張りにしてくれました。指示された質問に生徒たちが回答する段階から、自分で振り返りを書く段階に至るまでの間、記入フォームは、期待されていることができるようになるために必要なことをその時々に見極め、最良のものを提供する場となりました。このプロセスを通して生徒たちは、自分のニーズをよりはっきりと表現できるようになりました。そして、そのことは、生徒たちの成長を促すことができる、より効果的な授業時間を形成するための助けとなりました。

まとめ

データ収集のデジタル化とその活用は、すべての子どもたちが確実に成長するために、私たちが目指していかなければならない効率化の問題となっています。また、それは、クラスの規模に関係なく、すべての学校において目指していかなければならないものでもあります。クラスの規模は、データ収集やデータ活用をしないことの理由にはなりません。私たちは、預かっているすべての子どもに対しての責任があります。そのため、自分たちで管理できるデータ収集の方法を見つけていかなければならないのです。

教育において、データは決してなくなることはありません。したがって、私たちがデータ収集、データ活用の効率的な方法を見つけることができれば、より良い実践と生徒たちの成長が期待できるはずです。あなたが現在使用しているデータ収集の方法について考えてみてください(6)。

何か改善できることはありますか?

教室での学びをさらに質の高いものにするために、データをどのように活用したらいいと思いますか?

(6) 翻訳協力者から「教師がフィードバックを受け止め、授業をリデザインするからこそ、生徒が記入フォームに真剣にこたえる意味が生まれ、生徒にとっての大切な振り返りともなる、と改めて認識できました。ＩＣＴを活用したデータ収集、同僚との共有、そして授業改善につなげるアイディアをさっそく仲間と議論します」というコメントをもらいました。このような姿勢が、成長マインドセットの具体的な表れだと言えるのではないでしょうか。

ハック6
時間を最大限確保する
——教室の中と外でカンファランスを続ける

時間ほど、人間が使う価値のあるものはない。

古代ギリシアの哲学者のテオプラストス
（Theophrastus, BC371～BC287・古代ギリシア
の哲学者、博物学者、植物学者）

問題――生徒数が多すぎて、授業時間内に全員をカンファランス[1]する時間がない

常に、時間ほど教室の中で重要となる存在はありません。ほとんどの学校では、一クラスの生徒数が多すぎるという状況になっています。こうした状況のなかで各生徒のニーズを満たすことは極めて困難で、見過ごされがちな生徒が出てしまいます。

授業時間を意味のあるものにしようとする最大限の努力にもかかわらず、多くの教師は生徒の状況を日々確認することすらできていません。したがって、授業中にカンファランスをするのは不可能なように思えます。

・一クラス当たりの生徒数が多すぎて、学びを個別化することができない。
・強制されたカリキュラムが、教師中心の教え方にさせている。
・カバーしなければならない内容が多く、それが生徒を個別にサポートすることを不可能にしている。
・通常の授業中に、時間的な余裕がまったくない。[2]

ハック――時間を最大限確保する

授業中のかぎられた時間をどのように使っているかで、教育において何を大切にしているのかが分かります。ですから、生徒のニーズを満たしたいのなら、私たちは授業時間の有効な使い方についてもっと学ぶ必要があります。

生徒とのかぎられた時間を有効に活用するため、教室でのカンファランスに向けて生徒たちに準備させる方法があります。生徒が教師とカンファランスをするとき、自らの考えをまとめやすくするためにつくられたカンファランス用紙に書きこんでもらうことで、私たちは時間を有効に活用することができるのです。

もちろん、教師にも準備が必要となります。まずはカンファランスの前に生徒の情報を把握しておき、授業時間を円滑かつ効率的に進めるようにします。スケジュールを決め、情報収集をし

（１）xiiページの**訳者コラム**を参照ください。

（２）これらの問題を克服する具体的な方法が、『イン・ザ・ミドル　ナンシー・アトウェルの教室』『ようこそ、一人ひとりをいかす教室へ』『「学びの責任」は誰にあるのか』『増補版「考える力」はこうしてつける』のなかで満載となっていますので、ぜひご覧ください。

ておくことも助けとなります。もし、授業時間が足りなければ、時間外にＩＣＴを活用して生徒とやり取りをするということも助けになりますので頭に入れておいてください。また、インターネットにアクセスできるディバイス[3]を使うことで、あなたと生徒は継続的にやり取りをすることができるのです。

あなたが明日にでもできること

生徒が自分のニーズを満たし、教師が生徒と共有できる時間を最大にすることができるなら、なんの問題ありません。

「Voxer」のような音声アプリをダウンロードする

生徒にも同じことをさせます。音声アプリを使用すれば、会えないときでもやり取りができます。また、コミュニケーション・スキルを高めることにも役立ちます。

「Voxer」（巻末参照）のようなアプリのよいところは、対象年齢に関係なく使えることです。

たとえば小学生の場合、教師がメッセージや質問を全員に送ります。すると、各自が教師のアカウントにボイスかテキストで返信することができるのです。ほとんどのスマートフォンやタブレット型コンピューターには音声アプリが内蔵されています。年少の子どもたちからのフィードバックを記録するには、これで十分です。

話し合いを深めるためのワークシートをつくる

授業中に行うカンファランスの準備として、具体的にどんなことを話したいのか生徒たちに考えてもらいます。三〜五分の短い時間を有効に使うためにいくつかの質問を提示して、事前に考えてきてもらうのです。

あらかじめ計画を立てる

授業中、円滑にカンファランスを行うためには、しっかりと計画しておくことが必要となります。カンファランスのあるときを生徒たちが知っていると、そのための準備ができますし、カンファランスそのものが効率的に進みます。

（3）パソコン、スマホ、タブレットなどのことです。しかし、これには賛否両論があります。「学校以外まで生徒とかかわるのは御免だ」という教師もいれば、「確かに、それは大きな可能性が開けますね」と前向きに捉える人もいます。

生徒のなかにいるエキスパートに活躍をしてもらい、クラスの課題をスリム化する

生徒のなかには、よく学び、内容やスキルをエキスパート（専門家）レベルで知っている人もいますので、彼らをクラスメイトの支援のために活用します。彼らがそれをするとき、ノートやグーグル・ドキュメントやiPad、あるいはクリップボードを使って記録をとってもらい、授業の最後に報告したり、将来的に活用したりします[4]。

プロジェクトに取り組んでいるときにカンファランスをする

もし、生徒たちがプロジェクトに取り組んでいるなら、あなたは教室の前にいたり、教室を巡回したりする必要はありません[5]。生徒たちがグループないし個人でプロジェクトに取り組んでいるなら、あなたが特定の生徒と評価のためのカンファランスを行っていても邪魔されることはありません。

完全実施に向けての青写真

ステップ1 個別に会う前に生徒のフィードバックを検討し、カンファランスの準備をする

事前に、生徒たちには用紙に記入するように求めていたので、それをしっかり読むことでカンファランスを有効に行うことができます。生徒に目標を設定させ、何について話したいかを考えさせることで、教師には準備する機会が提供され、教師が話したいと思っている内容もしゃべりすぎないようになります(6)。

少なくとも、カンファランスをする当日には、生徒が書いたものに目を通すようにしてください。

---

(4) イメージしにくいかもしれませんが、「ハック4」の「ハックが実際に行われている事例」（九九〜一〇二ページ）で紹介されているような状態を指しています。小学校の中学年以上の書くことの指導においては、各人の得意をいかす取り組みが可能です（『ライティング・ワークショップ』の三四ページを参照）。同じことは、読むことや他教科にも応用可能です。

(5) 教師が一斉授業をする必要がないことを意味しています。教師が教える一切の責任をもっている段階から、生徒たちがグループで学習したり、個別学習をしたりと主体的に学ぶ段階へ責任を移行していくことは、効果的・効率的な指導を考えたときには欠かすことのできないものとなります。この「責任の移行」モデルについては、『「学び」の責任は誰にあるのか？』が参考になります。

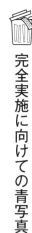

ステップ2 評価のためのカンファランスの間に、どうしても知りたい具体的な質問を書いてくるように指示する

事前に評価のための用紙を書きこむことに加えて、生徒たちは自分の成長に関する具体的な質問をもってカンファランスに臨む必要があります。それがあると、振り返りのプロセスを助けるだけでなく、カンファランスの焦点を自らの成長と目標に絞ることも可能となります。生徒の準備がよく整っていると、学びとは関係ないことについて話してしまうような無駄な時間も避けることができます。

ステップ3 生徒一人当たりのカンファランスは三〜五分とし、計画を着実に実行する

カンファランスを順調に進める際に鍵となるのは、スケジュールを維持することです。スケジュールを書き出した用紙を机の上に置いておくとよいでしょう。休みや準備不足の生徒に対しては柔軟な対応が必要ですが、計画を守ることがカンファランスを効率的にこなすコツです。(7)

ステップ4 生徒のフォローアップはネットを通じて行う

カンファランスをしてから一週間以内に、フォローアップを行う方法を考えておきます。カンファランスで話し合ったように、計画通りに生徒が取り組んでいるかどうかを確認する必要があ

ります。(8) それによって、さらなる問題解決が必要になるかもしれません。

生徒とあなたが使えるＩＣＴのあることが、このプロセスをやりやすくします。そうすれば、授業時間以外でも「Voxer」や「グーグル・ドライブ」（巻末参照）などのアプリを使ってメッセージを生徒に送ることができます。たとえば、病院の待合室に座っているだけのときなどに、学びについてのやり取りを続けるためのメッセージを生徒に送ることができます。

ステップ5　より多くの時間が必要なときは、授業以外の時間にカンファランスを設定する

生徒のなかには、授業中にあなたが提供できる時間以上を必要とする人もいます。そのような場合も、当然、時間を確保しましょう。私の場合は、学校がはじまる一〇～一五分前に会うようにしています。それが無理な場合は昼休みに会っています。

もし、学校が追加支援を必要としている生徒にそのような時間を提供しているなら、生徒たち

---

(6) 教師が大切だと思ったことよりも、生徒自身が大切だと思ったことに焦点を当てるということです。

(7) とは言っても、慣れるまでは一人当たりの時間が長めとなりますので、数人毎に余分の時間を設定しておいて、すべてのスケジュールが後ろにずれ込んでいくことを避けるのがいいでしょう。

(8) フォローアップにこそ価値がある、と言えるほど重要なことです。これまでの授業や評価（や、さらには教員研修など）でもっとも欠けていたことがフォローアップと言い切れるかもしれません。

はそのとき、ないし放課後に行うことを望むかもしれません。また、時には、忙しい生徒たちのスケジュールに合うような時間を見つけることが大変になるかもしれません。そういうときに効果的なのがＩＣＴです。ネット上でカンファランスをすればいいのです。子どもたちにとって、ゲーム通信やラインのコミュニケーションは今や一般的なものとなっています。

ステップ6　疑問・質問に答えが得られるよう、生徒たちにＩＣＴの使い方をしっかりと教える

ソーシャルメディアを使えば、その場にいなくても、ほかの生徒たちはリソース（情報提供者）になれます。クラスのツイッターのハッシュタグ（一一〇ページ参照）があれば、そこで生徒たちはクラスメイトの質問に答えることができます。彼らは、みんなの助けとなるオンライン情報をあとでキュレート(9)できるように、追加の情報を付け足すこともできるのです。

たとえば、生徒の一人が導入部分を書くのに苦労しているとき、私がクラスのハッシュタグにヒントになるようなリンクを貼ります。それをツイッターで見たほかの生徒や教師たちもこの生徒を助けることができます。

対象の生徒は、リンクされたウェブサイトやドキュメントを開いて、「Diigo」（巻末参照）などほかのアプリに保存することもできます。また、アーカイブの内容を読んだあとに、「Voxer」（巻末参照）やツイッター、またはクラスのウェブサイトに戻ってさらなる質問をすることもで

きます。いずれにせよ、このような方法は、教師が時間を最大化しながら、やり取りを続けるための効果的な方法の一つとなります。

ステップ7　物事が前に進み続けるようなルーティンや手順を用いる

教育について常に言えることですが、ルーティン（習慣）化することが成功を導きます。最初に教室でカンファランスをするときは、計画通りにいかないかもしれません。しかし、そのことがやり方の間違いによるものとはかぎりません。何が問題だったのかを考えてみてください。

生徒に書いてもらった用紙が悪かったのでしょうか？　カンファランス前の質問でしょうか？　特定の生徒に対するあなたの態度でしょうか？　教室の環境でしょうか？　スケジュールでしょうか？　そのほかにも考えられますか？

これらを修正して、今後のカンファランスにいかせばいいのです。

また、学期を通して異なるタイプのカンファランスも行ってください。しかし、先に説明した

(9)　必要な情報をたくさんの情報源から収集、整理、要約、公開（共有）することを言います。
(10)　「できていないことがいつしか当たり前のことになっている。強制的にではなく、必要性および喜びから、続けるうちに当たり前になる」というコメントを翻訳協力者からいただきました。こういうルーティンが増えれば本当によいと思います。

ような、生徒が準備したうえで臨む公式のカンファランスを学期に二回は行ってください。私は高校で、中間と期末の成績を出す前に行っています。少人数対象のカンファランスは、協働的なプロジェクトをしている際には効果的です。また、個別のカンファランスを、教師と生徒の時間が合う授業外の時間にもつのもよいでしょう。

課題を乗り越える

授業におけるもっとも貴重なものが時間です。それが理由で、教師は時間の使い方を進んで変えようとはしません。同時に、多くの教師は、自らのコントロール権を生徒に引き渡すこともしたがりません。今回提案している方法が機能するためには、生徒が個別ないし協働で作業できるようにならないといけないのですが、その主導権を引き渡さないのです[11]。

以下に紹介するのは、授業で生徒のカンファランスを実施する際にあなたが遭遇するであろう課題を乗り越えるためのヒントです。

課題①　評価のためのカンファランスが機能するには生徒数が多すぎる

評価のためのカンファランスは生徒数が多くても機能しますので、心配はいりません。ただし、教師が個別のカンファランスをしている間、ほかの生徒が何をしているべきなのかを知っていて、そのための手順を理解しておく必要があります。

スケジュールも必要となります。一日や二日で全員と話すのは不可能です。クラスの生徒数にもよりますが、一週間ぐらいの時間を確保する必要があります。よりニーズの高い生徒に対しては、授業外で会ったり、スケジュールを円滑に進めるためにＩＣＴを有効に使うことが大切となります。

生徒数に関係なく、すべての生徒は教師に集中して話を聞いてもらいたいと思っています。それだけに、あなたがほかの生徒と話をしているときは教師の邪魔をしないように徹底させておく必要があります。その時間は、教師がカンファランスをしている生徒にとっては特別な時間であり、特別な用件でないかぎり干渉することは許されません。

---

(11)　これを可能にするための理論と具体的な方法が、『「学びの責任」は誰にあるのか』に書いてありますので参考にしてください。

課題② 一人の生徒と話しているときに、ほかの生徒は何をしているのか

クラスの運営が生徒中心で、プロジェクト中心なら、生徒たちは個別に取り組むことに慣れているはずです。彼らにとっては、常に教師が前に立ち、自分たちに指示を出してもらうという必要はありません。

もし、そのような環境を意図してつくり上げていれば、教師の時間の使い方に問題はないでしょう。そのような状況では、ある生徒に評価のためのカンファランスを行うときは、ほかの生徒には個別か小グループで静かに取り組む必要があることを思い出してもらうだけでいいです(12)。

課題③ 一人当たり三〜五分のカンファランスで何が達成できるのか

もし、生徒がカンファランスの準備をしていれば、重要な課題を扱うことは十分に可能となります。私たちがあらかじめ準備したテーマを守って、生徒の作品やクラスで学んでいることについての一般的な話し合いを避けることができれば、かなり短い時間であっても多くのことが達成できるはずです。

もっとも効率的な時間の使い方ができるように、何よりも生徒たちが準備をしてくるように指導してください。異なる課題を提示するのは、あとの話です。それには、より多くの時間がかかります。その場合は、ネット上での継続的なやり取りを活用してもいいかもしれません。

ハックが実際に行われている事例

高校でスペイン語を教えていたガーネット・ヒルマン先生は、教室でのカンファランスの成功例を次のように共有してくれました。

一五年にわたって高校でスペイン語を教える過程で、私は従来の伝統的な教え方から、生徒中心で学ぶことに焦点を当てた形に転換しました。この転換は、生徒の成長と目標達成を助けただけでなく、学業以外のさまざまな面でも成長を促すことになりました(13)。

評価も、当初は教えることとは切り離されていたのですが、授業で日々行われていることと関連する形で行うようにしました。評価の流動性と、生徒たちが常にフィードバックを得

(12) 残念ながら、日本の授業の多くはこのようになっていませんが、アクティブ・ラーニングが望まれるなかでは（というか、「学ぶとはどういうことか」を考えたら）、遅かれ早かれそうならざるを得ません。「ＰＬＣ便り」で検索して、検索欄に「学びの原則」や「学びの責任」を入力してみてください。たくさんの関連情報が得られます。また、カンファランスを中心に据えた教え方に関する情報は、「ＷＷ／ＲＷ便り」で多くの情報が得られます。

(13) たとえば、「作家の時間、ＷＷの思わぬおまけ」で検索して得られる情報などと思われます。

られることが、生徒たちの学びをより高いレベルに押し上げています。しかも、自然の学びのプロセスである、個々の生徒に合った学びのスピードを認める形となっています。

生徒とのカンファランスは、評価する際の土台となるものです。私にとっては、生徒に対するもっとも効果的なフィードバックは話し合いのなかから生まれています。価値あるやり取りは、将来へ向かっての明確な道筋を照らし出してくれるだけでなく、生徒たちの学びの進捗状況に関する重要な情報も提供してくれます。効果が現れるまでに時間を必要とするフィードバックもありますが、カンファランスの場合、生徒がすぐに動きはじめることが可能となる情報提供ができます。

私の授業では、生徒とのカンファランスはインフォーマルな形とフォーマルな形の二つの形式で行っていました。一五〇人もの生徒がいたので、毎日すべての生徒と話すことはできませんでしたが、すべての生徒と話をするべく最大限の努力を私はしました。生徒たちは自分のペースで取り組み、私はファシリテーターとして、彼らの言語習得をサポートしました。生徒たちが毎日ジャーナルを書いてくれたおかげで、効率的かつ効果的な私とのやり取りが可能となったのです。

クラス全体に講義する時間の代わりに、私は頻繁に小グループの生徒たちや一人ひとりと会いました。授業中に生徒たちと話したほうが、それ以前よりもよい結果を引き出しています。生徒たちがそのときに取り組んでいることについて話したわけですが、私は指示を出すことよりも、彼らに質問をすることのほうが多かったです。(14)

生徒たちが自らの学びに対して責任をもっており、それぞれが綿密な計画を立てているのです。生徒たちがプロセスに責任をもっていれば、取り組むレベルは自ずと高まります。教師が自分に寄り添ってくれ、いつでもサポートしてくれることが分かると、希望が開花し、成功が約束されると、生徒も思うのです。

フォーマルなカンファランスは、採点期間の最後に行いました。一人ひとりの生徒にスケジュールを割り当て、個別に話し合いをもちました。これには数日を要しましたが、とても価値があったと思っています。進行、効果、効率のために、生徒たちはカンファランスの前に振り返りを書くように言われます。話し合いのテーマには、達成したこと、強み、成長したこと、目標設定が含まれています。

クラスで、どんなときに誇りを感じたかという質問もするようにしていました。この質問に対する反響は大きかったです。生徒たちは、意外と自分に対して厳しく見る傾向があるのですが、この質問が肯定的、感動的な場面を振り返る機会を提供したのです。(15)

---

(14)　教師の役割は問いかけが中心になることが、『言葉を選ぶ、授業が変わる！』でよく分かります。

いま現在私は、教室で教えているわけではなく、教え方を改善するためのコーチとして教師のサポートをしていますが、とくに力を入れているのが生徒に対するカンファランスの仕方です。教師たちの多くは、生徒との従来の話し合いをはるかに上回る効果があることを認めています。

一方、生徒たちは、熱心に取り組み、授業でリーダー的な役割すら担うようになります。協働的な雰囲気が形成され、生徒たちはもはや「評価」という言葉に対して不安を感じることはありません。彼らは、新しい授業の運営に慣れており、自らの学びを促進するために意味のあるやり取りを教師やクラスメイトに求めているのです。

日々のインフォーマルな話し合い（カンファランス）と、フォーマルなカンファランスの両方を通して、評価とフィードバックの循環が自然にできます。このような循環は生徒へのサポートを継続し、生徒の進歩や達成したことに関する自信を強化するのです。生徒たちは自己評価能力を次第につけて、クラスメイトに対しても相互評価やフィードバックを提供するようになります。

生徒と行うカンファランスにおいてもっとも説得力のある成果は、生徒との関係が築けることです。この関係が生徒たちの学びの扉を開くのです。私は何人もの生徒から次のように言われました。

「スペイン語は嫌いだけど（もちろん、なかには好きな生徒もいました！）、あなたのクラスは大好きです」

生徒たちは環境を楽しんだのです。私が彼らの学びを尊重していたこと、さらに重要なことは、彼ら一人ひとりを人間として大切に思っていることが分かっていたからです。もし、私が彼らとあまり話をしていなければ、こういう成果は得られなかったでしょう。

かつて、相互の関係は表面的なもので、中身のないものだったでしょう。しかし、つながりが築けたことで、ほかの人に理解してもらうために自分のことを主張する傾向が強くなりました。生徒たちには、このような環境が、質問したり、新しいことに挑戦したり、意味のある目標を設定したりする場所として安全であると分かっていたのです。

生徒たちは成長し、結果もよく、それをみんなで讃え合い／喜び合い、という好循環も生まれました。(16) 将来的に私は、学びに関するカンファランスがいかに強く生徒に影響を及ぼす

(15)　生徒が自己効力感をもてるようにすることについては、一三五ページの訳注12で紹介した「学びの原則」の最後の項目と関係します。さらに、この点に関心のある方は、『増補版「考える力」はこうしてつける』および『最高の授業』を参照してください。日本の教育で弱い部分です。

(16)　ここで紹介されている事例は外国語のものですが、国語で同じことが起こっている事例が『イン・ザ・ミドル　ナンシー・アトウェルの教室』で詳しく紹介されています。当然、すべての教科でできることです。

かについて多くの教師に知ってもらい、活用できるようにサポートをしていきたいと思っています。

まとめ

生徒たちに対して頻繁にカンファランスをする価値については、合意が得られると思います。しかしながら、時間と、それをしている間にたくさんの生徒のニーズを満たさないといけないという状況に私たちはもがいているというのが現状です。成績なしの授業を本当に実現するためには、カンファランスは欠かすことのできないほかの要素と同じくらい重要なこととなります。

あなたはいま、生徒にどのようなフィードバックを提供しているか考えてみてください。

生徒の成長や進歩について、一対一で話す機会をどのくらいの頻度でもっていますか？

どこで、その機会が実現できると思いますか？

ハック7　成長をガラス張りで見えるようにする
——伝統的な成績表を処分する

自らの判断が誤るのを避けるために、不完全で、不確実で、堕落している習慣に従うことは、一つの危険を別の危険とすり替えているにすぎない。(*)

リチャード・ホエートリー
(Richard Whately・一九世紀イギリスの経済学者、神学者)

(*) 日本の教育が犯している過ちを言い当てていると思ってしまうのは、私だけでしょうか？

問題――学びを記録するために、これまでの成績表を使い続ける

もし、成績を捨て去ったなら、これまでのように学びの記録を成績表[1]に書きこむことは意味のない行為となります。あなたは、そこに何を書きこむというのですか！

成績表の存在意義は、成績を表す文字や数字を書くスペースを提供しているだけです。文字や数字はどちらも恣意的なもので、何の役にも立ちません。さらに、それらを通知表作成のために平均するときは、すでに有効期限が切れているので意味がありません。

・成績を平均することは、生徒の学びを一つの数字ないし記号に貶めることである。
・伝統的に、教師が非公開で生徒の記録を収集してきた。
・生徒は通知表をもらうときだけ、つまり、一年に数回しか自分の成長を知ることができなくなっている。
・成績表には、一人ひとりの学びについての重要なエピソード（大切な成長物語）を書きこむだけのスペースがない。

> あなたの古い成績表は場所と時間の無駄だ。躊躇しないで、捨て去るほうがよい。

ハック――生徒の成長をガラス張りで見えるようにする

成長に基づく記録の仕方に変えることで、生徒と教師の間に存在する学びのパートナーシップを再び強調することができます。もし本当に、生徒自らに成長の責任を担わせたいのであれば、成長についての記録を教師だけが見られる成績表に付けておくことは逆効果となります。

成長を記録する方法はたくさんありますが、簡単な方法から取り組むのが一番よいでしょう。ノートでも、グーグル・ドキュメントでも、表計算ソフトのスプレッドシートでも、生徒が好むものを使って次ページのような表をつくるように言います。

四つの項目は、あなたが生徒たちに何を記録して欲しいのかによって変わります。まずは、このようなものからはじめるのがよいでしょう。何よりも、生徒自らに、受け取ったフィードバックを記録する責任を担わせることが大切です。

フィードバックは書く形でも口頭でもいいし、一対一でも、小グループを対象にしてもＯＫで

(1)　「評価補助簿」や「えんま帳」などと呼ばれているもののことです。詳しくは、八一ページの訳注23を参照してください。

表7－1　成長の記録

課題	フィードバック	扱っている到達基準	使った方法

す。フィードバックをしっかりと残すことが習慣化するまでには時間がかかりますが、生徒をサポートする方法として、口頭のフィードバックをスマホに録音する、書かれたフィードバックは写真に撮って保存しておく、というものがあります(2)。

最終的には、教室で受け取るすべてのフィードバックを生徒たちが記録していくことになります。記録して覚えておくこと、そして、それをいかして改善することを生徒たちに任せると、すべての生徒が常に必要な記録をとるようになるので、教師は責任を生徒たちに手渡すことになります。これによって、教師の時間とエネルギーを節約することができます。

そして、生徒の成長についてもっとも知っていなければならない人、つまり生徒自身がその情報をしっかりと把握することになります。生徒たちは、自らが成長しながら、その情報を教師に知らせることになるのです(3)。

あなたが明日にでもできること

紙に書かれた成績表は捨てる

生徒たちが記録する責任を担いはじめたのですから、成績表を維持する必要はもはやありません。実のところ、あなたの古い成績表は場所と時間の無駄なのです。躊躇しないで捨て去ってください。

目的を明確にする

あなたが生徒に記録してもらいたい内容とスキルに応じて、適切な項目を決定します。

クラスでもっとも適切な記録を取る方法を決める

すべての学習環境は異なります。したがって、生徒の年齢やスキルのレベルやＩＣＴを使え

（２）生徒たちがデジタルな世界に生きていることを忘れないでください！

（３）これこそが、「誰もが損をしている」現在の仕組みから、「誰もが得をする」仕組みへの転換となります!!

るか否かなどを踏まえながら、あなたと生徒たちにとって最善の方法を選択しなければなりません。

まずは、試験的に取り組む

年度のどの時点にあろうとも、直ちに成長とフィードバックを記録するガラス張りのシステムをつくって、取り組みはじめることが重要となります。最初は試験的なものでも構いません。年度の当初に新しく切り替えたほうがベターですが[4]、新しいシステムを使いはじめるのは、夏休み明けでも、冬休み明けでも構いません。

試験的な取り組みを、一つの教科ないし一つのユニットに限定して行い、それを「最高のテスト」と呼びます。そして、その結果を使って、生徒たち、親たち、そして同僚や管理職に「売りこむ」のです。

完全実施に向けての青写真

長年やり続けてきたものを手放し、生徒に合ったシステムを見つけるには時間がかかります。

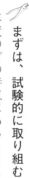

生徒によっては異なる記録の付け方が必要ではないかと、あなたは考えるようになるかもしれません。そして、時間とともに修正・改善が必要であると思うかもしれません。常に、柔軟であり続けることが大切です。

ステップ1　学びを記録するための二つか三つの方法を考え出す

生徒たちのニーズと扱うユニットの特徴を考慮して、生徒たちと共有する基本的なモデルをつくり出します。たとえば、生徒たちが科学的な方法に取り組んでいる場合は、算数・数学の問題について話し合っているときとは違って、フィードバックを得るための異なる様式にあなたは焦点を絞るかもしれません。

また、あなたは、「Tチャート」[5]を使った記録の取り方がいいと思うかもしれませんし、視覚的に考える生徒のために、ベン図[6]で成長を記録するほうがいいと思うかもしれません。いずれに

(4)　欧米では長期の夏休みがあるので可能ですが、日本では年度末・年度初めの三月と四月がとくに忙しいので、現実的ではないと思われます。

(5)　アルファベットの「T」の字を書いて、横バーの上にはテーマを書き、縦線の左側と右側に二つの項目を書き出していくという方法です。「Double-entry journal（二列ジャーナル）」という、左側には事実（あるいは、本などからの引用）、右側には考えたことや感じたことを記入する方法に似ています。

しろ、生徒たちに記録の方法を考え出させるよりも、いくつかの選択肢から選ばせるほうがいいでしょう。

慣れるにしたがって、生徒たちに方法を修正・改善するように言います。最初から自分独自の方法を考えさせるよりも、このほうが簡単だと思うはずです。

ステップ2　生徒にはいろいろな方法を試させて、ベストな方法を決めさせる

教師や生徒が期待したほど、最初に提示した方法（見える化シート）があまりよくないという可能性があります。生徒には、一番よい記録の仕方を見つけるための試行錯誤を奨励してください。一人ひとりが異なるニーズをもっていますので、自分にとってもっともよい方法を各自が選べるようにしてあげてください。

同じようなニーズをもっている生徒たちを、ペアや三人のグループにするといいかもしれません。そうすることで、一緒に作業しやすくなりますし、相互のフィードバックも得やすくなります。

ステップ3　生徒たちが効果的に学ぶ方法を使っているかを確認する

学習のツール（ないし、思考ツール／見える化シート）を生徒に提供するだけでは十分ではあ

りません。教師は、そのツールが使われているかについて確かめる必要があります。フィードバックで話された学びの方法を使っているか、必要に応じてそれらを改善しているかを確実にするために、ツールを使うための手順を導入することをおすすめします。

生徒がプロセスについて振り返りを書くとき（「ハック８」を参照）、フィードバックで受け取った提案をどのように実行しているかを生徒に説明させるとよいでしょう。そうすることで教師は、提案した方法がどのくらい使われているかを踏まえて、さらに具体的なフィードバックを提供する形でフォローアップを行うことができます。

ステップ４　フィードバックをもとに、生徒が目標を設定できるように教える

生徒がフィードバックをもらい、記録したあとは、自らの成長を踏まえて新しい目標を設定しなければなりません。教師が提供した方法とユニットで押さえようとしている特定の到達目標を踏まえながら、生徒は三つから五つぐらいの実現可能な目標を設定します。それらについては、次の課題を通して記録を付け続けることになります。

（６）　イギリスの数学者ジョン・ベンによって考え出されたもので、複数の集合の関係や集合の範囲を視覚的に図式化したものです。

短期的な目標が、生徒が記録をとるには適切となります。短期の目標はよいパターンをつくり出し、それが年間を通しての成長を促すことになります。

ステップ5　目標に合うように、生徒たちが適切な方法を調整する

新しい目標と個々の生徒のニーズに基づいて、方法を適切に修正・改善します。どのような方法がこれまでによく機能したでしょうか？　いまから取り組む学習のなかで、それを修正したり、再利用したりできるでしょうか？　それとも、新しい方法を使う必要があるでしょうか？

たとえば、あなたが教えた下線や注釈を加えるといった書き直しの方法がうまくいったとします。そこであなたは、違う到達目標のために同じ方法を使うかもしれません。あるいは、下線を引くのをやめて、付箋を貼る方法に替えるかもしれません。また、新しい課題では、注釈を付ける際に疑問や質問を書く方法を紹介するかもしれません。テーマが何であろうと、新しい目標が方法を決定づけなければなりません。

ステップ6　目標が達成されたら、生徒に新しい方法を教える

生徒たちは自らの成長を記録しているので、目標が達成できたら、その成功をしっかりと認める方法が必要となります。そのあとで、その時点でのニーズをもとに新しい目標を設定すること

になります。それぞれの目標が達成されたら、印を付けたり、日付を書いたりして記録に残し、と同時に、なぜ達成されたのかを示す証拠も書き出すように求めます。そうすることで、あとで再度使いやすくなります。

そして、そこからは、ほかのどんな面で成長したいかについて考えることになります。もし、この段階で生徒が助けを必要としているなら、個別カンファランスを行うよいタイミングとなります。

課題を乗り越える

多くの場合、生徒たちはより多くの責任を担うことに消極的なものです。以下の三つの課題はよく出されるものですが、その対処法とともに紹介します。

課題①　生徒が自らの成長をオンラインで見られるなら、成績を上げることに熱心な生徒が増えないか

オンラインの情報システムを通じて、生徒たちは学びの進捗状況についていつでもアクセスで

きるようになります。しかしながら、その進捗状況を日々の学びの焦点にする必要はありません。成績に焦点を当てすぎていた生徒は、できるだけ早く自らのできを改善したいと思うことでしょう。しかし、あなたは、成績を上げることではなく、いまいるところからどうやって生徒の能力を伸ばすかということについてオープンな話し合いをもたなければなりません。

課題② 保護者がたくさんの質問をするのではないか

もしそうなら、妥当な回答を準備する必要があります。保護者と話すときは、事実をもとにして話すことをおすすめします。つまり、生徒の記録や作品に基づいて話すのです。とはいえ、あなたの実践を変えてしまうような保護者の勝手な言い分は、認める必要がありません。

これまでの保護者とのかかわりによっては、言いたいことを言ってくる人もいることでしょう。あなたを通り越して、直接、管理職や教育委員会を説得して、あなたの実践を変えてしまうかもしれません。しかし、あなたが起こそうとしている転換を理解してくれている管理職や教育委員会であれば、そのような状況になってもあなたをサポートしてくれるはずです。状況がエスカレートしたときに備えて、その対処法を事前に考えておいてください。

課題③　管理職や教育委員会が、すべての教師に同じことをするように求める

生徒にとってよいことなら、そのことをすべての教師に求めない管理職のほうがおかしいでしょう。教師のなかには、従来のやり方のほうが楽なので、変えたくないという人もいます。しかしながら、そのやり方が必ずしもベストな方法であるとは言えません。

乗り気でない教師たちに新しいシステムに慣れるための十分な時間が提供されたあとに、管理職は変化のための提案を切り出すべきです。また、ＩＣＴの不安を解消し、使いこなせるようになるための研修会やサポートなども提供すべきです。そうすることで、実践を変えることについて神経質にならなくても済むでしょう。

ハックが実際に行われている事例

学びを記録する方法は、生徒と教師の双方が満足するものでなければなりません。以下に紹介する事例は、高校の教師であるアダム・ジョーンズ先生が、生徒の成長をどのように記録したかについて語ったものです。

教えることは芸術です。それは、学習者の視点に立つこととフィードバックの「楽しいダンス」と言えます。

逆説的になりますが、もっとも影響の大きな指導の場合、生徒には見えないということがしばしばあります。出しゃばらないで話をよく聞いて、必要なときにフィードバックを提供する存在、それが教師です。もし、これを効果的にすることができたら、生徒たちは学び方を学ぶことができます。

徐々に複雑さを増す生徒にピッタリとなる挑戦は、好奇心、情熱、そして有能感を培うサポートです。教師としての成功は、あなたが教室に足を踏み入れ、生徒たちがもうあなたを必要としないと分かったときに得られます。自立こそがもっとも重要な目標なのです。

その目標への道筋が、まっ直ぐであるということは滅多にありません。出発点を理解し、学びのプロセスのなかでのフィードバックの役割を研究するために生徒と「ダンス」を踊っています。だからこそ、教えることはとてもダイナミックで、流動的で、楽しいのです。それは、教師と生徒がともに、最終的には生徒が所有することになる、美しい芸術作品をつくり出す機会なのです。

私自身、自分が学び手であり続けることが好きです。生徒たちの視点に立って考えると、継続的に学び手としての「筋肉」を鍛え続けることがとても重要になります。つまり、私は教えられるとはどういうことかを理解していますので、そのために必要となる内発的な動機をどのように解き放てるのかについても知っています。それには、探究する時間、事例を検証すること、練習したり失敗したりする機会、そして専門家のフィードバックを得ることなどが含まれています。

当然のように、私が新しい授業を計画するときは、学び手の視点に焦点を当てています。それは、次のような問いに答えることを意味します。

・このクラスで私は学ぶことができるだろうか？
・私は、挑戦したり、責任を負うことになったり、当事者意識(7)をもてたりするだろうか？
・どんな形態の継続的なフィードバックが、自分のスキルを磨くのにもっとも役立つだろうか？
・自分が成長したこと（成長すべきところに向かってのクリティカルな視点を身につけていることも）を、どのようにうまく示すことができるだろうか？

---

(7)「ownership」の訳で、「学んでいることは自分のものと思える感覚」です。それにしても、ここに記されている四つの項目が実現できている（意識している）教師は日本にどれほどいるでしょうか？　教えるというか、学び続ける教師のあり方を示してくれているような気がします。

これらの質問に十分に答えられるように授業を計画し、学びを促進することは困難ですが、やりがいのあることでもあります。実際に記録を付けたり、学んだことを見えるようにしたりするだけのことです。あまり難しいことは気にしないでください。

以下に紹介するのは、私が発見した「好奇心」と「情熱」、そして「有能感」を促進する授業において欠かせない要素となっていることに関する詳細です。

説明（結果？）責任

近年、私は、生徒たちの作品に数字の成績を付けるのをやめました。その代わり、彼らの学びの証拠について話すとき、四段階（情報なし、目標に向かって進んでいる、目標を満たしている、目標を超えて優れている）のどのレベルにおいてできるようになっているかについて焦点を当てています。

そして、これらの目標を基準にしたでき（上達度を表す言葉）と一致した豊富なフィードバックを提供します。説明的なフィードバックのない、数字で示された成績や上達度を表す言葉だけでは何の意味もありません。

学期の初め、横軸にすべての課題をリストアップし、縦軸には「読む」「書く」「聞く」「話す」の学習目標と、それらのサブカテゴリーをリストアップする形でグーグルのスプレッドシートをつくっています。生徒たちはこれをコピーし、学期を通して自分の成長を記録しながら協力して取り組みます。このシステムはシンプルなもので、役に立っているので、みんなが正しく歩めるのです。

加えて生徒たちは、グーグル・ドライブにデジタル・ポートフォリオをつくり、そのフォルダーを私と共有します。このポートフォリオには、下書きから最終的な作品まで、生徒の作品がすべて収められています。今年度は、より総合的で証拠に基づいた情報と記録のシステムである「Chalkup」や「Freshgrade」(8)などの可能性を探ることを楽しみにしています。

フィードバック

学ぶことは、すべてフィードバックと言えます。クラスの状況と期待を設定する以外に、教師が成長する生徒に提供できるもっとも利用価値の高いものがフィードバックです。すべての課題は練習するための機会です。そのあとにフィードバックを得て、修正・改善を行います。

(8)　巻末を参照してください。教師や生徒すぐに使える便利なソフトがどんどん開発され、評価のガラス張り化が進んでいます。

学期中に行う口頭でのフィードバックをオープンに維持するために、音声メッセージ用のソフト「Voxer」を使っています。授業で行われた話し合いについて、話し方のスキルに関するフィードバックを提供するときや、生徒のグーグル・ドキュメントの下書きに説明的なコメントの要約を残すときも、「Voxer」は個別化と関係づくりにおいて計り知れないほど役立っています。

一般的な告知をするためや、生徒たちの学びのよい事例を強調しようと授業後にみんなの前でほめるために、テキスト・メッセージ用ソフトの「Remind」（巻末参照）を使っています。また、理解のレベルを確認したり、フィードバックを提供したり、軌道を修正したりするためには、形成的評価のツールである「Socrative」や「Kahoot」を使っています。加えて、クラスの全生徒は、発表の内容を自分のブログにアップしています。そのコメント欄には、一般の読者からフィードバックが得られる可能性もあるからです。

振り返り

生徒が自らの作品を振り返って、自分の成長について考えたことを明らかにすることは、持続する学びを行うにおいて重要な要素となります。この種のメタ思考を試すための足場を生徒に提供することは、彼らがどこから出発し、いまどこにいて、学習目標を達成するためにどんなことをしなければならないのかを理解するためにもっとも重要なことです。

クラスの生徒は、毎週（出口チケット[9]の要領で）グーグル・フォームに書きこみます。このフォームに書かれた情報は、中間と期末に行われる私との振り返りのための思考トレーニングにもなっています。

中間と期末に行われる振り返りは、一人当たり一〇～二〇分の長さで行われ、記録されています。通常は二日かけて行っています。また、グーグル・フォームの文章に頼った方法に代わる振り返りのツールとして、ビデオソフトの「Explain Everything」の実験も行っています。

効果的な授業デザインと指導の出発点は、学習者の視点に立つことと、どれだけうまくフィードバックを提供できるか、です。さらに、説明責任をきちんと果たすガラス張りのシステムが構築されたら、フィードバックには一貫性があり、豊富で、多様である必要が生じます。すると、生徒たちはクリティカルで、自らを見つめる目をもつことになります。

こうして、「好奇心」と「情熱」、そして「有能感」をもつことで可能となる、自立した学び手を育てるために必要となる要素がすべて出そろったことになります。

（9）授業の最後に、ほんの一～二分で振り返りを書いてもらうための一つの方法です。

まとめ

生徒たちに学びの責任をもたせる際、評価をガラス張りにするということが鍵になるということを覚えておいてください。教師はもはや、生徒の成長をバラバラに記録することができなくなります。相互関係のないものを足して平均を出すようなことも、宿題をしてきたという記録も残すことができなくなるのです[10]。成績表には重要なことは何も書くことができなくなるので、一刻も早くそれを廃棄してください。

あなたが現在、成績表をどのように使っているかについて考えてみてください。

生徒たちを評価のプロセスに巻きこんでください。協力して、すべての生徒の目標と成長を記録してください。

そして、「学びをガラス張りにするために、私には何ができるのか?」と自らに問いかけてみてください。

（10） 翻訳協力者から、「この作業に学期末はとくに追われますが、徒労だったのですね」というコメントをいただきました。

ハック8

振り返ることを教える
――メタ認知(＊1)能力をもった学習者になれるように生徒をサポートする

残りの人生を通して続く無意識の鈍い痛みを選択するよりも、自分を発見する際の鋭い痛みに耐えるためには勇気がいります。(＊2)

マリアン・ウィリアムソン（Marianne Williamson・作家）

（＊1）　メタ認知とは、自分の思考や行動を客観的に認識することです。主体的な学習者・思考者を育てる際の核となるもので、その身につけ方については、『「学びの責任」は誰にあるのか』で具体的な方法が紹介されています。

（＊2）　ゆっくりと温められると熱いお湯から飛び出さずに死んでしまうという「ゆでガエル現象」を言い表したものと思います。いずれにしても、自分たちを思考停止に陥らせる生ぬるい状態は避けたいものです。

問題——生徒たちは成し遂げるべきことが分からない

一般的に、学んだことを明らかにするために成績が使われていますが、生徒たちはというと、なぜ成績を受け取るのかについて理解をしていません。[1] もちろん、生徒のなかには、テストの点数や通知表の成績では、本当に知っていることが表されていないと思っている人もいます。それは、自分の成長を示すだけの十分な時間が与えられていないからです。

ほとんどの場合、生徒たちは自らがもっている知識やスキルの具体的な中身については把握できていません。

学んだことを評価するということは、伝統として教師の責任と捉えられてきたものですから、生徒たちにとっては、身につけるべき知識やスキルの基準が常に明らかにされているわけではありません。彼らは、どのレベルでできているのかについて判断ができないのです。というのも、何がよくできていて、何は継続的な努力が必要なのかという具体的な情報が提供されていないからです。

・評価のプロセスにおいて、生徒たちが無視されていることはよく知られている。

・テストの点数やプロジェクトの結果へのコメントはもらっているが、生徒たちはなぜその成績を得たのかについて分かっていないことが多い。
・生徒たちは、学びのプロセスに自分たちの考えを述べる状況に置かれていない。(2)
・生徒が知っていることは、プロジェクトが終わったときに必ずしも正確に表現されるわけではない。(3)

（1）　翻訳協力者の一人から、「テストが終わると、学習したことをすべてリセットしてしまう。これが一番の問題」という指摘がありましたが、テストが主たる評価の媒体であり続けていることのほうが問題なのではないでしょうか。生徒たちは単に、「学校ごっこ」や「正解あてっこゲーム」という、教師が大事にしているテストに付き合っていると捉えることもできます。生徒たちに、選択肢は提供されていないのです。

（2）　ここは、原書では「評価」ではなくて「学び」になっています。著者は、評価＝学びと捉えているようです。次ページの見出しおよび本章のタイトルから、「学び」で間違いないようです。

（3）　ましてや、「テストだけで」とも言えるでしょう。これら四点に対する反応として、翻訳協力者から、「終着地に着いたが、どんな乗り物で行ったのか、どんなルートで行ったのか、それが最善の行き方だったのかがまったく分からないままという状態と同じ。そして、疑問に思っても口に出すものではないと思わされ続けてきたし、発言する場がまったくなかったと思う」というコメントをいただきました。

ハック――生徒たちに、学びのプロセスについて振り返ることを教える

生徒たちが学びについて意味のある形で振り返ることを学ぶと、彼らは教師との対話に参加できるようになります。それは、生徒たちが到達しているレベルを見極めている教師との共同作業という形で行われます。もはや、教師も一人で孤独に作業をする必要はなく、生徒と学びの深さについて十分に話し合えるようになるのです。

そうすることで、生徒が行ったプロジェクトの最終的な成果物に欠けていた特定の知識やスキルについて伝えることが可能になります。一方、生徒自身が学びのプロセスについての情報を詳しく教師に提供できると、教師も生徒の学びを評価しやすくなります。

生徒には、次の点について考えるように促してください。

・課題について理解していることを、自分の言葉で表現するとどうなるか？
・課題で成功するために、自分はどんなことをしたか？
・自分はどんな困難に遭遇し、それを乗り越えるためにどうしたか？
・自分はどの到達目標を満たせたか？　その評価を裏付ける証拠は作品のなかにあるのか？
・自分はどのような目標を設定して、達成することができたのか？　まだ努力する必要がある

のは、どんなことか？
・もう一度やり直すチャンスが与えられたら、何か変えたいことはあるか？

優れたフィードバックを提供する際に鍵となるのは、生徒の振り返りを読むことと、評価を下す前に、生徒が取り組んでいるときにあなたが集めたデータをよく検討することです。そうすることで、自らが何を見ていたのかが明らかになり、それぞれの生徒に正確で、一人ひとりに応じたフィードバックが提供できるようになります。(4)

逆に言うと、生徒のスタート地点はみんな違うので、教師はすべての生徒の作品を同じように見ることはできないということです。一人ひとりが最大の成長を遂げるために、各人のニーズに合わせたフィードバックを提供する必要があります。

また、振り返りのよい点として、グループ活動を評価する際の難題も解決してくれるということが挙げられます。一人ひとりの生徒が個人的な振り返りを提出することで、各人がグループ活動においてどんな学びがあったのかという有益な情報を教師は得ることができます。グループ活動のなかで、生徒がどのような役割を果たし、どのように成長したのかを考えてください。

(4)　翻訳協力者から、「かなり負担が大きく、時間も取られそうだがやってみたい」というコメントがありました。

生徒たちには、振り返りのなかで、ほかのメンバーに対しての不満は書かないように言ってください。というのも、振り返りは、自分自身の取り組みに限定したものであり、ほかのメンバーについてではないからです。そうすることで、一人ひとりの生徒は、グループ活動での貢献や成長を踏まえた、より公平な評価を受けることになります。

加えて、グループに対しても、自分たちが取り組んだプロジェクトに関するフィードバックが得られるべきです。これは、到達目標をどれくらい満たせていたかという点に焦点を当てたものとなりますが、メンバーへの電子メールかグループ・カンファランスの形でできます。

あなたが明日にでもできること

生徒たちによい振り返りができるように教えるには時間がかかります。しかし、それはとても価値のあることです。学びを向上させるために、すぐにでもできることがあります。

すでに振り返りについて知っていることを把握する

振り返りについての話し合いをはじめ、そのことについて何を知っているかを尋ねます。たとえば、次のような質問です。

・前にやったことがありますか？
・それはどんなふうに見えますか？
・それには何が含まれていますか？

振り返りに含まれる項目のリストを一緒につくる

生徒と一緒にブレインストーミングをやって、チェックリストをつくる作業に参加してもらいます。

振り返りの優れた状態が表現されているよい事例を生徒たちに見せる

何を期待されているのかを明らかにするためには、見本を見せる以上によい方法はないでしょう。生徒たちがよい振り返りを読めるようにして（二〇～二二ページを参照）、それからどんなことに気づいたかをグループで話し合います。

授業の最後に振り返る機会を提供する

生徒たちに振り返る習慣をもってもらうためには、授業の最後に、今日学んだことは何かを振り返ってもらうという方法が効果的です。もちろん、習慣化するには練習が必要です！　これは、各教科で、書くことを通して学ぶという大切な習慣を身につけるのにも役立ちます。(5)

完全実施に向けての青写真

ステップ1　振り返りとは何かを生徒に示すレッスンを計画する

まず、振り返りに適したよい事例をいくつか集めます。生徒たちを小グループに分けてそれらを読み、そして相互に比較するように指示します。「どんなことに気づきますか？」とか「比較するとどんなことが分かりますか？」など、振り返りについて学んだことをリストアップするように言います。

そして最後に、クラス全体で、振り返りはなぜ学びを助けるのかを出してもらいます。

ステップ2　振り返りがしたくなるようなポスターをつくる

生徒たちが振り返りとは何かが理解できたら、学んだことを統合して、それを視覚化して表現してもらいます。その際、以下のような点について考えてみるように促します。

・振り返りでは、どんな基本的な質問に答えなければならないか？
・課題が終わった段階で自分が学んだことを知ってもらうために、振り返りをどのように使えるか？

つくったポスターは教室の壁に貼り出して、年間を通して重要な資料として活用します。生徒たちは、自分の作品（ポスター）やクラスメイトの作品を見るたびに、なぜ振り返りをする必要があるのかについて繰り返し考えさせられることになります。ポスターは同僚とも共有してください。そうすることで、校内のすべての生徒が同じメッセージを受け取ることができるようになります。

ステップ３　到達目標とスキルを教える

振り返りが効果的であるためには、生徒たちは自分が身につけようとしている到達目標を理解

（５）　関連情報として、『増補版「考える力」はこうしてつける』（とくに、「自己評価」と「ジャーナル」の章）が参考になります。その本の原書には、「自分で振り返りながら学べる方法を身につける」というサブタイトルがついています。日本では、書くことを考えるため／学ぶための手段として位置づけた実践がとても弱いように思います。

している必要があります。特定のプロジェクトになぜ取り組んでいるのかについて、理解できるようにサポートしてください。

・何を学ばなければならないのか？
・スキルは、学ぶ内容や到達目標と関連しているのか？
・いま行っていることは、ほかの学習とどのように関連しているのか？

実際に取り組みをはじめる前に、プロジェクトや課題、そしてユニットに応用する方法が理解できるように、到達目標を見直す時間をとってください。そして、学習している期間を通して到達目標に言及してください。また、生徒たちに期待されているものは何かについて、彼らが明確に表現できるようにしてください。それは、自分の言葉で説明できるかどうかで分かります。

ステップ4　振り返りを習慣化する

振り返りがもっとも効果的なのは、繰り返し行えるときです。ほかのスキルと同じように、持続的な練習がプロセスを改善し、より深い理解をもたらします。授業の最後の五分ぐらいを使って振り返りを行うとよいでしょう(6)。

授業で学んだことや、これから取り組む必要があると思ったことなどについて書き出してもらいます。生徒は、自らの目標や自分が使った方法を明確にすべきですし、作品から自分の学んだ証拠も示すべきです。また、この教科で学んでいることをほかの教科で学んでいることと関連づけることもできます。

ステップ5　振り返りへのフィードバックを定期的に提供する

もし、生徒たちに振り返りの質を向上してほしいなら、具体的に、速やかなフィードバックを提供する必要があります。(7) 以下にいくつかの例を示しますが、大切なことは、説明をできるだけ短くすることです。

・活動のとてもよいまとめが提供できていました。しかし、理解していることの証拠をもっと

---

(6)　従来の国語の授業に代わるライティング・ワークショップとリーディング・ワークショップの実践が優れている理由の一つがここにあります。これら二つには、毎時間の最後に五～一〇分の振り返り／共有する時間が設定されています。しかも、単に振り返るだけでなく、それ以降のクラス全体（ミニ・レッスン）や個別への指導（カンファランス）と深く結びついているのです。つまり、一時間の授業として完結しないほうがいいことを物語っています。さらに、これらの授業は、振り返り／共有の仕方もバリエーションに富んでいます。その具体例については、「WW便り、多様な振り返り／共有の仕方のバリエーション」で検索してください。

(7)　これをすることで、生徒たちに振り返りを通して学ぶことはたくさんあると同時に、「振り返りは価値がある」というメッセージを送り続けることになります。

示す必要があります。

・この振り返りでは、まったく到達目標に触れられていませんでした。
・ほかのメンバーがしていたことやしていなかったことではなく、グループ活動のなかであなたが果たした役割について焦点を当ててください。
・あなたが何を学んだのか、もう一度するならどのように変えて取り組むかということについて、膨らませて書いてください。

生徒の改善が見られたら、あなたが気づいたことを知らせて、具体的な改善内容を指摘してください。たとえば、次のようにです。

「今度は、自分の作品について、たくさんの証拠を使いながら到達目標に触れていました。これを習慣にしてください」

課題を乗り越える

最初のうち、生徒たちは振り返りを好みません。それが自分の助けになるとは思えないし、単なる追加で「やらされること」としか捉えないからです。新しい課題にチャレンジするときと同じように、振り返りもまた自分を成長させてくれる大切な機会だということを実感するまで、生徒たちが振り返りの価値を認めることはありません。生徒たちから不満が出たときの準備をしておいてください。

不満①　なぜ、これをしなければならないのか？

振り返りは学びのもっとも重要な部分です。どのように振り返ったらよいかについて、「学び手として成長するのにもっとも効果的なフィードバックを、自分に対して使いこなせるようになる」と生徒たちに伝えてください。「ハック1」で、生徒の思考様式を転換する際に使ったのと同じような忍耐を示す必要があります。

不満②　国語にはいいかもしれないが、ほかの教科ではどうなのか？

確かに、振り返りは国語のクラスではとても価値があります。しかし、ほかの教科でも同じように必要なのです。自分が学んだことについて考えたり、書き出したり、どのように知ったのかを示したりすることに、意味のない教科はありません（次ページの**訳者コラム**参照）。難しかったことを示し、それを改善するためにどのようなサポートが欲しかったかが表現できれば、より

訳者コラム

振り返りの重要性

「正解を得ることよりも、振り返りのほうがはるかに大切である」ということが、『数学的に思考する』（仮題、近刊）に繰り返し書かれています。小学校から高校まで、10年以上にわたって算数・数学を学んでも「数学的思考力」が身につかない理由がここにあると言えそうです。

同じことは、すべての教科にも言えます。「科学的思考力」や「歴史的思考力」なども身についていません。それらのほうが、暗記してテストで正解を得、そして忘れてしまったたくさんの知識よりもはるかに大切なのにもかかわらず、です。振り返りに時間を割くか否かは、「自立した考え手／学び手」と各教科の核となる思考法をどれだけ意識するかにかかっています。

効果的なものになります。

たとえば、数学の授業では、証明でできるようになったことや三角法で難しかったことについて話せると思います。また、保健体育の授業では、バスケットボールのレイアップ・ショットをどのようにマスターしたか、あるいは健康を維持することの難しさを振り返ることができます。

このような振り返りによって、学び手は改善のために必要とされる新たな目標設定に気づかされるのです。教科や扱う内容には関係がありません。

ハックが実際に行われている事例

　生徒たちに振り返ることを納得してもらい、彼らに練習する時間を提供したなら、振り返りが学びを大きく助けることになります。とてもよい事例は、数学教師のジム・コーデリー先生が生徒たちに使った振り返りです。コーデリー先生は、自らの授業での振り返りのパワーを次のように強調しています。

「数学について、違った考え方をするように」と、生徒たちにいつも言ってきました。つまり、単に答えを得るだけではなく、問題を解く方法について時間をかけて考えるように働きかけたのです。答えの背後にある考えを生徒たちに共有してもらうための時間を取っていました。生徒たちは、時間を取りすぎていた、と思っていたようですが、私にとって大切なことは、生徒たちが数学について考えることだったのです。

　過去数年間、どうしたら生徒たちの授業への参加度を増すことができるのかと考えてばかりいました。間違いなく、生徒の振り返りこそが求めていた答えだと思いました。すぐに私は、すべてのプロジェクトや活動をしたあとに振り返りをするようにしました。以下に紹介するのが、振り返りの機会を生徒に提供することによって得られた収穫です。

❶取り組んだ活動が現実世界とどのように関連するのかを考えさせます。

❷振り返りは、よく発言する生徒だけでなく、すべての生徒と私がコミュニケーションを取れるようにしてくれます。

❸単に、どのようにして答えを見つけたのかではなく、どのように学んだのかを書いてもらっています。

❹私は生徒たちに、なぜ難しかったのかを詳しく説明するように求めているので、振り返りは困難な状況を学びの機会に転換してくれます。

❺生徒たちは、取り組んでいる活動が、将来どのような仕事で役立つのかと考えます。

❻生徒たちの感想を分析することによって、将来的に（次年度以降の生徒のために）活動を修正する機会が提供されます。

この段階を通過するのは、生徒たちにとっては大きな挑戦となります。生徒たちは、次のように私に投げかけます。

「これは数学の授業です。なぜ、私たちは文章を書かなければならないのですか？」

この質問に対処するために、生徒たちと話し合いをはじめました。この話し合いのなかでは、振り返りで何を期待しているのかについて話しました。私は、生徒たちが考えたプロセスを知ることにとても関心があることを強調しました。さらに、とくに興味があるのは、個人的に、そしてクラス全体として、困難をどのように乗り越えたのかということについて共有してもらうことだ、と告げました。

名前を消した形で過去の生徒たちの振り返りを見せて、それぞれの良い点と悪い点についても話し合いました。その際、書かれていることに対して私の考えをあまり言わないようにすることが大切である、と認識するようになりました。言ってしまうと、私が言ったことを生徒たちが真似するだけになってしまうからです。

次に紹介するのは、ある生徒の振り返りです。

年間を通して私が完成したすべてのプロジェクトとペーパーのなかで、このプロジェクトが一番気に入っています。プロジェクトには、アメリカの都市のなかで自分が訪ねたい五つの都市を選ぶことが含まれていました。しかし、単に好きな所ではなく、アメリカ史と結びついている所でなければなりません。

選んだあと、それらの都市を訪問するにはどれだけの距離を移動する必要があるかを計算しなければなりませんでした。フィラデルフィアが出発点であり、到着点でもあります。途中で立ち寄る都市は、テキサス州のオースティン、ニューメキシコ州のサンタフェ、カルフォルニア州のロスアンジェルス、オレゴン州のポートランド、そしてサウス・カロライナ州のチャールストンです。

この旅は、本当にありそうな観光旅行のようなものです。食費にかかるコスト、宿泊費、ガソリン代やレンタカーの料金など、すべてを計算しなければなりませんでした。

プロジェクトはそれぞれのペースで進められました。私にとってはとてもありがたいことでした。誰かのことを待つ必要もなく、早く進めることもできましたし、プロジェクトの特定の部分（よく理解できなかったところなど）についてはかなりの時間を費やすこともできました。

このプロジェクトは、主にアメリカ史として位置づけられていましたが、私は同時に、代数の基礎や割合などといった数学の内容も学ぶことができました。また、残りの人生で使える教訓も得ました。とくに、時間の管理と賢くお金を使うことはとても重要なことだと思いました。たとえば、私は一年間も旅をしていたいとは思わなかったですし、単にそれがカッコいいという理由で、ジープ（七六五〇マイル＝一万二二四〇キロの旅をするのにもっともお金がかかる車）を選ぼうとも思いませんでした。

このプロジェクトを完了するために必要となる数学は、面倒で難しかったです。このプロジェクトにはたくさんの段階がありましたが、私はそれらの一つ一つを日々こなして、次に進みました。

二番目の段階では、自分の車で一ガロン（約三・八リットル）当たりどのくらいの距離を進めるかについて計算しなければなりませんでした。この部分を完成させるために、細部までこだわりました。異なる車種ごとに計算する必要があったからです。しかし、このプロジェクトのなかで、もっとも興味をそそられて楽しんだところでもありました。

プロジェクトが完成する前に、困難な目に何度か遭いました。ほかの人にとってはバカらしいことかもしれませんが、自分にとってはとても難しいことだったのです。

選べることはいいと思います。なぜなら、自分のしたいことができますから。でも、先生が具体的な選択肢を提供してくれていたら、この課題をもっと早く終わらせることができたとも思っています。自分の行きたい都市を選ぶことが、私にとってはもっとも難しかったのです。その理由は、あまり早く選ぶことができないからです。たくさんあるなかからたったの五つを選ぶなんて……難しいです。

全体的に見れば、このプロジェクトは私の視野を広げてくれました。そして、数学、社会科、そして日々の生活状況を学ぶことを助けてくれました。このプロジェクトに関係することはほとんど楽しめたので、似たようなプロジェクトをまたやることはとてもいいと思います。南北戦争からサムター要塞の戦い(8)まで、私が選んだ都市はアメリカ史と深く関係していましたし、本当に訪ねたいと思った都市ばかりでした。

まとめ

講義が中心だったこれまでの教え方には、振り返りが入るだけの余地がありませんでした。しかし、私たちは、生徒が学んでいることと、達成するために用いたプロセスについて考えられるようになるまで、トレーニングに時間をかける必要があります。生徒たちがうまく振り返りができるようになるにつれ、彼らは具体的なサポートを求めるようになるでしょう。

この資質を過小評価しないでください。何かを成し遂げたプロセスについて生徒たちに考えさせたことがあるのか、あるなら、それがいつだったかを考えてみてください。

あなたのクラスで、振り返りをするのが適切なのはいつでしょうか？

それをすることは、あなたがすでにしていることにどのように寄与するでしょうか？

(8) 南北戦争は一八六一年から一八六五年にかけて行われました。サムター要塞の戦いは、チャールストンで起こった戦闘で、南北戦争の発端とされる戦いですが、開戦前の小競り合いとする人もいます。

ハック9

生徒に、自分で成績が付けられるように教える
——成績を付ける権限を生徒に譲り渡す

人生は常に完璧からはほど遠いものです。そして、それに気づくことは、自分の枠から外に出て、自分の犯している過ちや欠点について考えることを意味します。(*)

アッシリー・ロレンツァナ（Ashly Lorenzana・作家）

（＊）かなり鈍感な人もいますが、多くの人は自分の過ちや欠点に気づいていると思います。それに対して何をするかが問われているのだと思います。その際、これまで一人では前進させることが難しいのですが、仲間（と思える人たち）と一緒にやりはじめるとどうなるかをもっと積極的に試してみる時期に来ているように思います。

問題――成績は主観的である

テスト、プロジェクト、宿題、授業への参加などを平均して成績がはじき出されるということは、生徒が実際に学んだことについて、教師が極めて大まかな理解しかしていないことを意味します。たとえ教師が生徒の作品をよく観察したとしても、それは全体像のごく一部にしかすぎません。

多くの場合、生徒が知っていることやできることを教師は把握していると思っているわけですが、それは現実を誤って認識していることになります。もし、生徒とともに評価のプロセスを踏まないのであれば、もっとも大切な部分を欠いたままにしてしまうことになるでしょう。

生徒に成績を付ける際、教師の先入観が大きな影響を与えるといったことが頻繁に起こります。この「偏見」とも言える「先入観」は、人間的ではありますが公平ではありません。たとえば、あなたが実際に生徒に会う前に、彼／彼女の評判によって印象をゆがめたことがたくさんあるでしょう。生徒の作品を判定するとき、彼／彼女の態度はじゃまをしていませんか？　そこまで露骨ではないとしても、あなたには特別好きな生徒はいませんか？

・教師に見えるものは、常にすべてではない。

・成績は偏見によって影響される。
・成績を付ける過程から生徒を除外している場合、生徒が本当に知っていたり、できたりすることを見せる機会を奪っていることになる。

ハック——生徒に、自分で成績が付けられるように教える

これまでの成績システムは、学習していることを正しく示していません。それを回避したいなら、到達目標や授業の目標に基づいて、生徒が自己評価できるように教えることが重要となります(1)。生徒たちが自分の作品を客観的に見ることができ、学習したことについて、具体的な根拠をもとに自らが身につけているレベルを判断できるようにしなければなりません(2)。

(1)　翻訳協力者から「これができたらどんなにいいことか。どうやったら導入できるだろう?」というコメントがありました。これができるようになって卒業しないと、学校の存在意味がありません。

(2)　このことを容易にやりきってしまっている例が、『テストだけでは測れない!』の一二六〜一三〇ページに紹介されていますのでご覧ください。残念ながら絶版の本なので、入手困難という方は、pro.workshop アットマーク gmail.com 宛に資料を請求ください。

あなたが明日にでもできること

生徒に自己評価ができるように教えるには時間がかかりますが、取り組みを後回しにしてもよいということにはなりません。以下のようなことは、すぐにでもはじめられます。

生徒のインプットなしに生徒の作品に成績を付けることはやめる

紙の上で見るものと、生徒の頭のなかにあることは違います。教師だけで成績を付けるほうが楽でしょうが、生徒にとって何がもっとも有益なのかということを心に留める必要があります。一人だけで成績を付けていると、「金属疲労」と同じように「成績疲労」も起こります。同じような課題を長い間見ていると、私たちの見方は一貫性を失いはじめるものです。たまたま作品が上のほうにあった生徒たちはよい判断をしてもらえ、下のほうの生徒たちは粗雑な扱いを受けるといった可能性があります。

振り返りと自己評価の違いを生徒たちに教える

成績なしの捉え方と同じように、生徒自身が自己評価できるようになることを理解するには少し時間がかかるでしょう。しかし、話し合いながら生徒が自分自身を評価する理由の理解ができたら、そのあとの進め方が格段に変わってくるはずです。

振り返りは学びのプロセス（なぜ、何を、どのように）であるのに対して、自己評価はそれらを踏まえた最終結果であるということを、生徒たちは理解する必要があります。何がどのレベルでできるようになっているのかという理解は、学習を通して示される最終結果と捉えられます。したがって、生徒は自分が目標に近づいているかどうかを判断する必要があります。

自己評価のツールを生徒がつくり出すのを助ける

ここで鍵となるのは、教師が一人でやってしまうのではなく、生徒たちと一緒にやることです。一つの項目に焦点を当てたルーブリックがいいでしょう。それは、紙に三本の縦列をつくることからはじめます。真ん中にスキルか内容を書き、両側は、生徒たちが習得したレベルを表せるように空けておきます。そして、左側には生徒が課題と思っていることを書き、右側には到達目標を超えていることを書きます。到達目標に基づきながら、それらの根拠も書き出します。

この代わりに、生徒たちを小グループに分けて、課題を通じて押さえようとしている到達目標を基本に据えながら、ルーブリックを考え出させてもいいでしょう。自分たちが取り組んだ活動について具体的に説明することで、十分満足できる状態がどのようなものかを示させるのです(3)。

完全実施に向けての青写真

ステップ1　評価のプロセスで生徒が新しく担うことになる役割について話し合う

あなたはすでに数字や文字を使った成績（生徒たちは、このやり方しか体験していません！）は使わないという選択をしているので、生徒たちに自分を測るための何か別の方法を提供する必要があります。基本的に、これまでのように教師が独自に生徒の成績を決めるのではなく、生徒たちが教師のサポートのもとで自らの成績を決める役割を担うことになります。

ステップ2　自己評価のプロセスの足場としてチェックリストを提供する

とくに当初、生徒たちには教師のガイダンスが必要となります。自己評価に焦点を当てられるようにするために、基本的なチェックリストを提供するか、生徒と一緒にチェックリストをつくります(4)。チェックリストには、自分をどんな項目と基準で評価するのかが含まれている必要があります。もし、生徒が習得した状態がどういうもので、それらをどんな領域で示さないといけないかを明確に知っていたなら、その後のプロセスは楽になります。

ステップ3　証拠も使いながら生徒に自分で成績を付けさせる

生徒が自らのできを評価する際、次のように言うだけでは十分ではありません。

「何をしたのか自分で分かっていますから、私には熟達レベルがふさわしいです」

自分の評価を裏付けるためには、作品から証拠を示しながら、より具体的に表現する必要があります。よく私は、「事例や証拠を交えて論証する小論文を書くのと同じだ」と言っています。あなたが何かについて主張するとき、テキストからの証拠も交えながら自らの主張を裏付ける必要があります。このたとえでは、テキストが「生徒の課題」であり、そこから主張の裏付けとな

（3）ルーブリックの作成の仕方については、『増補版「考える力」はこうしてつける』の第8章の評価基準表のつくり方を参照ください。翻訳協力者から「ルーブリックづくりはやりたい。ただし、ルーブリックも、どういう観点を立てるか、そこは恣意的にならざるを得ない」というコメントがありました。到達目標が明確であればそんなことはありません。それが定かでなければ、恣意的にならざるを得ないかもしれません。

（4）チェックリストの例としては、『読書家の時間』の第8章に「読書の達人への道チェックシート」（一七〇～一七一ページ）が紹介されています。また、チェックリストの代わりとして、すでに本書の九一ページや一八五ページで紹介したルーブリックでも大丈夫です。

る証拠を探さなければなりません。

以下に紹介する生徒の作品からの引用をご覧ください。アナスタシア・パパセオドルーは、私の「AP文学と創作」のクラスの生徒でした。彼女は、成績を放棄することをまったく受け入れなかった生徒の一人でしたが、その一方で、もっとも成功した生徒の一人ともなりました。


早速、今学期、私はどうだったかという本題に入ります。確かに、怠けていたときもありました。もうすぐ卒業なので、学習意欲をなくしていたときに、一五ページもある調査レポートを書かされました。それをやり遂げるのは大変でしたが、実際にやり終えてみると、結構自慢できる内容だったと思います。もう少しやれることがあったと思いますが、レポートには私の成長が見えたと思っています。

最後の振り返りでも書いたように、年間を通して掘り下げることに課題がありました。しかし、このレポートでは、一つのアイディアからはじまって、それをどう広げていったのかを示すことができたと思います。（ここでの到達目標は次の通りです。作品内で根拠としたことと主張について詳しく説明し、それらについて自分の評価を示すこと。その際、証拠は関連性のあるものか、また十分な量のものが示されているかということも含めて説明すること。）

（＊彼女が挙げていた具体的な証拠は省略しました。）

もし、この授業をもう一度とることができるなら、私は継続して掘り下げることに取り組みます。なぜなら、改善が可能だからです。ほかのことでも同じですが、常に改善の余地はあります。なぜ、掘り下げることにこだわりたいのかと言うと、「なぜ？」という質問に答えられることが人生でもっとも役立つスキルだと思うからです。

カンファランスのなかではうまく話すことができなかったので、私は学期の振り返りレポートを書くことにしました。私にふさわしい成績は……えーっと……「A」です。私が「A」にふさわしいというわけではありませんが、「A」が欲しくない生徒なんていますか？

これまで、自分を本当に改善するために、こんなにも本気で取り組んだことなどはありませんでした。構成や全体のまとまりといったところで私は成長しましたが、何よりもあなた、サックシュタイン先生のおかげで、スピーチ、ICTの使い方、調査、そしてもっとも大事な振り返りで成長できたと思っています。

ステップ4　もし、通知表に成績が必要なら、生徒との話し合いで決める

生徒が自分のすべての作品に目を通して、自己評価する準備ができたら、教師との話し合い（カンファランス）をするときとなります。すでにたくさんの証拠を集めたので、生徒は評価に

ついても納得しているはずです。教師はその時点で生徒を鍛え上げる必要はありません。そうではなくて、注意深く聞いて、理解のギャップがあるときには、はっきりとさせるための質問をします。

このやり取りには五分ぐらいを費やします。最終的に、生徒が成績証明書（日本の場合は、指導要録）や通知表に記される成績を決定します。話し合いのなかで決まった成績を使ってください。絶対に、生徒が知らないところで変更をしないでください。

もし、教師が生徒に賛成できない場合は、長い話し合いが必要となります。話し合いを通して決めるのが何よりも大切です。そして結局、生徒が特定の成績にふさわしいと主張し続ける場合は、生徒の欲しい成績を与えます。しょせん、成績などに大した意味はないのですから。

とはいえ、これは初年度に数回起きて、個人的に乗り越えなければならなかった悪い後味を残しました。というのも、私が依然として伝統的な考え方をもっていたため、生徒が欲しがる成績を与えてしまうことに気が引けたのです。このような葛藤がありながらも、私は生徒の決めた成績が通知表に記されるようにしました。(5)

課題を乗り越える

多くの人は、教師こそが生徒を評価・評定することのできる唯一の権限（6）をもった者であると捉えています。そうした人びとにとっては、責任を共有してしまうという行為は、「手抜き」としか言いようのないものとなります。

私はすでに、生徒に自己評価させるために教師が深くコミットしていることを説明しました。それは、成績を提供してしまうよりも多くの仕事を教師に求めます。また、これまでに、生徒が自己評価できるようになることで、どれだけの利点があるかについても明らかにしてきました。

成績を付けることの責任を生徒と共有するという考え方に対する抵抗の要因は、実は別のところにあるように思われます。それは、「生徒自らが自分の成績を決めてしまったら、どうやって生徒をコントロールするのか？」というものです。

（5）翻訳協力者から、「私たちにも勤務評価というものがあり、自分の決めた成績に管理職がしてくれるということがよくあります」というコメントがありました。その意味では、「入れ子状態」に教師も生徒と同じ状態に置かれています。実は、学校評価ですら同じなのです。

（6）残念ながら、そのための学習やトレーニングは受けていないというのが実態です。

正直に言えば、成績を欲しがっているのは教師と親なのです。成績は、生徒を動機づけたり、罰したりするのに使われます。生徒がしたくないことをさせるために存在する極めて強力なツールなのです。しかし、このような課題は容易に解決可能です。

課題① 生徒は自分の成績を正しく評価できない

あなたも見出しのように思われるかもしれませんが、ほとんどの生徒は実際とても正直なものです。そうでない生徒も、率直に話し合いさえすれば問題は解決します。面目を潰すようなことをする必要はありません。二つか三つの質問をするだけで、必要な修正をすぐにしてくれます。(7)

それでも修正してくれない場合は（ほんの少しそういう生徒がいます！）、自分の作品（あるいはポートフォリオ）を出してもらい、それを見本となる作品（やポートフォリオ）と比較してもらうのです。最終的には、評価を生徒たちが下さなければなりません。したがって、私たちの仕事は、生徒が自分の前にあるものを客観的に見られるようにサポートすることになります。

課題② 何もしないで、授業をパスできると思っている生徒に対してはどうするのか？

ここでも、率直な話し合いが求められています。何を知っているのかと、生徒は尋ねられます。生徒が何も提出しなかったからといって、何も学んでいないとは言えません。私たちは学んだ証拠を必要としています。そのためには、話し合いで十分かもしれませんし、前の課題とは別の課題でうまくいくかもしれません。

課題③「自分の成績を出したくありません」

生徒のなかには、自己評価に抵抗する人がいるかもしれません。それは多分、自分自身に自信がないからでしょう。何を知っているか、何を理解しているか（どのくらい理解しているか）については、生徒本人しか分からないことを理解させてあげてください。

もし、自分の成績を一人で考えたくないという場合は、一緒に考えて自信をつけさせてあげてください。「これをするのは嫌いです」とか「自分の成績を付けるのは嫌いです」という言葉をあなたは聞くことになるかもしれません。そんなとき、私は次のように答えています。

「私もあなたに成績を付けるのは嫌いです。だから、協力して取り組んでいるのです。この成績では、あなたが知っていることやできることをほとんど表せないと思います。でも、手続きなので仕方なくやっているのです」

（7）　イギリスの高校の例ですが、生徒と教師がそれぞれ個別に評価をし、異なる評価をしたところをじっくり話し合います。四年間の高校のうち、最初の二年ぐらいは話し合いが必要ですが、残りはほとんど必要なくなるそうです。練習する機会を提供すれば、子どもたちは自己評価能力を養うことができるのです。

課題④ その生徒がそんな成績を得ることをどうして許可できるのか？

これは扱いにくい課題です。あなたは、成績を付ける責任を生徒に委ねることに相いれない信念をもっているかもしれません。私もいくつかのカンファランスで、生徒が言っていることに賛同できないことがありました。私の考えを理解してもらおうと最善の努力はしましたが、それでも彼らは自分の立場に固執しました。

こんなときは、深呼吸をして、成績は大して重要ではなく、このプロセス（やり方）を信じているのと同じレベルで生徒のことを信じる、と自分に言い聞かせるのです。寛大になり、公平性を重視した反射的な行動に固執するのではなく、先に進んでください。大切なのは公平さではなく、達成できているか否かです(8)。

ハックが実際に行われている事例

今年、私がもったもっとも大きな不安は、生徒たちの手に最終的な成績の責任を委ねたことです。ほかのほとんどの教師と同じように、この負担を担うことに私は慣れていましたし、内心では、その権限をもっていることが好きでもありました。しかし、成績を付けることは恣意的で面倒なことです。[9] したがって、生徒が達成していることを記録するという方法の効果を試した際には、評価に関するすべてのことを生徒たちが管理しているわけですから、生徒自らが成績を付けるほうがふさわしいと思うようになりました。

まず、生徒たちがどのように最終的な成績を発表したいかについてアンケートを行いました。彼らには、（A）書面で、（B）「Voxer」を使った動画かスクリーンキャストで、あるいは（C）個別のカンファランス＝口頭、という三つの選択肢がありました。何人がそれぞれのやり方を試したいのかが分かった段階で、彼らへの期待とやり方を提示する必要がありました。

図９－１の課題シートは、カンファランス当日までに何を準備しておかなければならないかについての詳細を生徒に伝えています。私の目標は、年間に達成しないといけない到達目標に照らしあわせて、自分の作品からその証拠を示せるように準備をしても

（８）日本も、このあたりの考え方がとても弱いと思います。「ＰＬＣ便り、平等意識」で検索すると、この点に関連した情報が得られます。

（９）それだけで苦労するのに、プラス面を探すのが大変です。単なる習慣（それも、悪い習慣）でやっているとしか思えません！

> 生徒にバトンを渡すときだ。そうすれば、自分が学んだことを巧みに共有してくれる生徒を、驚きを伴う目で見ることになる。

らうことです。これをすることで、自分が実際に達成したことではなく、自分がもっている感覚によって、自らの成績を過大評価したり、過小評価したりすることが防げます。

生徒のなかには、一生懸命に頑張ったので、学んだこととは関係なく自分にはよい成績が「ふさわしい」と思いこむ人がいます。その一方で、自分は「数学が得意じゃない」とか「文科系の人間じゃない」と思って、最初からベストを尽くさない人もいます。具体的な証拠を見つけさせることは、そうした生徒たちがより客観的になり、かつ正確に見られるようになる助けともなります。

書面とビデオでつくられた振り返りが締め切り日前に提出されるにしたがって、生徒たちに選択肢を提供したことが間違っていなかったと実感できました。画像や書面の振り返りは一貫しており、よく考えられており、そして証拠に基づいていました。とても率直に書いており、予想もしなかったほど成長や課題について正直なものでした。

すべてを終えた段階で私は、生徒たちが徹底していたことにとても感心しました。三人の生徒が、その理由とともに「自分は不合格にふさわしい」と言いました。また、ほとんどの生徒が自己評価通りでした。すべての生徒が下した成績が通知表に載りました。通知表が渡される当日、誰にも驚きはありませんでしたし、悔しがる生徒も、怒り出す生徒もいませんでした。

全米認定の中学校英語教師のジョイ・カー先生が、七年生のクラスの生徒たちが自分の「読み」

図9－1　最終的な自己評価のための準備

学年も終わりに近づいており、自分たちが何を学んだのかを考えるときです。年度末の自己評価に向けて準備するために、次のようなことを考えてほしいと思います。すでに自分の成績を発表したい方法については選んでいるので、全般的な情報と、自分の発表形態に関係のあるところだけを読んでください。

全般的な情報

あなたは、自分が学んだこと（身につけたことや上達したこと）を示すために、根拠となる成果物を用意する必要があります。

1. 授業に課された到達目標を見直す。
2. 今年度完了した作品と振り返りを見直す。
3. 到達目標に対してその作品が、自分が知っていたり、身につけていたりすることを示しているかを判断する。
4. あなたはそれぞれの課題を、以下の六つの領域でどのような学びを獲得したかを示せなければならない。
   読む、書く、聞く、話す、言語事項、ICT
5. あなたが成長した分野について明確にしなさい。
6. あなたは今年の目標を達成しましたか？
7. 何についてはより良くできたと思いますか？　それはなぜですか？　どのように改善しますか？

A もし、書面で発表したいなら、それぞれの課題やプロジェクトと到達目標（上記の3）や学んだこと（上記の4）との関連で書けているかを確認しなさい。自分の作品のなかから証拠を使って、振り返りの形で書くようにしなさい。あなたが何について書いているのか分かるように、スクリーン・ショット（画像）を添えなさい。

B もし、ビデオか動画かスクリーンキャスト（Voxer ないし音声メッセージ）を使いたいなら、何を言いたいのか事前に計画することをすすめます。

C もしカンファランス（話し合い）をしたいなら、上記の情報や証拠を準備してこなければなりません。何を話したいのかについて考えてきなさい。

カンファランスの予定は翌週の授業で知らせます。AかBの選択肢で振り返りをする人たちは、締め切り日の＿＿＿＿＿＿＿＿までに提出してください。

に対して成績を付けたときの経験を以下のように話してくれました。

私の生徒は、個別読書[10]について自分で成績を付けます。年度がはじまると、毎週、私は各自の読書の習慣について振り返るように求めています。最初の振り返りシートで、読みに関する六つの項目（**図9-2**を参照）について自分で評価することを求めています。生徒のなかには、最後まで読まない人もいます。また、ほとんどの生徒が何ページ読んだのかについて把握していません。しかし、そこから会話がはじまります。最初の数回の振り返りで通知表は書きません。私たちは振り返りの練習をしているからです。それに、私自身、成績はまったく気にしていません！

また、生徒のなかには自分に厳しい人が何人かいます。一〇段階で「九」の評価を自分で申告します。その理由は、「何とか終わらせることはできましたが、今朝登校する直前までかかってしまいました」や「自分が混乱しているところを、本当に理解しようとしませんでした」などです。

これらは、個別カンファランスの際にとてもよい話の切り口となります。年度が進むにしたがって、それらが通知表に記入されようがなかろうが、私たちは継続して振り返り、新しい目標を設定します。振り返りこそが、私たちがこれだけの時間と努力を費やしている理由なのです。それによって生徒たちは、年間を通して自らの成長を自分のものにすることができるのです。

まとめ

成績を付けることを楽しんでいる人はどこにもいないでしょう。それにもかかわらず、その責任を誰かに委ねてしまうことに苦痛を感じない教師は少ないでしょう。それだけに、生徒の成長を記録し、評価するプロセスをガラス張りにするために、私たちは生徒とパートナーになる必要があります。

バトンを生徒に渡すときです。そして、

図9－2　個別読書用の振り返りシート

氏名＿＿＿＿＿＿＿＿＿＿

今週の読書はどうでしたか？　正しいものに○を付けてください。

1．家で毎日、平均20分（かそれ以上）読みました。
2．毎日、本を家に持ち帰り、翌朝学校に持ってくるのを忘れませんでした。
3．学校での個別読書ができるときは、すぐに本に入り込めます。
4．自分が読んで楽しい本をいつも読んでいます。
5．今週は、＿＿＿＿冊の本を読み終わりました。
6．今週は、＿＿＿＿ページ読みました。

今週の読書の成績にふさわしいのは、5段階評価で＿＿＿＿＿です。
その理由は、＿＿＿＿＿＿＿＿＿＿＿＿＿＿＿＿＿＿＿＿
＿＿＿＿＿＿＿＿＿＿＿＿＿＿＿＿＿＿＿＿＿＿＿＿＿＿

（注）　これは、毎週書かせるものというよりも一例として捉えてください。読書ノートに振り返りを自由に書く形で行う事例を紹介している本もあります。

生徒たちが自分で学んだことを巧みに共有してくれる様子を驚きとともに見るのです。いま、誰が成績を付けているか考えてください。

あなたの実践のなかで、生徒による自己評価をどのように取り入れていますか?

その見本を、どのように生徒たちに示していますか?

自己評価は、学びにどんな影響を及ぼすと思いますか?

---

(10) 個別読書は、国語の時間でもっとも大事にされている=もっとも時間が費やされている読みを向上させるための方法として、リーディング・ワークショップで三〇年以上実践されています。生徒たちは、基本的に自分の読みたいものを読みます。日本の国語の時間では、これに費やす時間がほぼゼロです。これで、読むことが好きになったり、読む力がついたりすることは期待できるのか、と思ってしまいます。

ハック10

クラウドベースのデータを保存する[*1]

——ポートフォリオ評価へ移行する

ICTは教室の内外でとてつもない可能性がある。それを最大限に活用しようと思うなら、学びをどのように行うべきかについて考え直すことが不可欠となる。

ジェフ・マルガン（Geoff Mulgan・作家／教授）[*2]

（＊1）　自分のパソコンや携帯端末などではなく、データをインターネット上に保存する使い方、サービスのことです。
（＊2）「ジョフ・マルガン、スタジオスクール」で検索すると、TEDトークが動画で見られます。

問題――通知表は生徒の学びのすべてを物語っていない

通知表は、生徒の学びについて言えば「窓」の役割をしていますが、残念ながら、そのなかは真っ暗となっています。平均化されて導かれた数字や文字は、生徒が知っていることやできることを表すにはまったくもって不十分なものです。

高校①では、教師は一学期を通した学びに対して、一つの数字か文字、そしてあらかじめ提示されている決まりきったコメントしか提供できていません。生徒の学びを、意味のある形で伝えるだけの選択肢がなさすぎるのです。

- 中間報告②や通知表は、成長を示すにはあまりにもリアルタイムなものとなっていない。
- 数字や文字は正確な全体像を提供できない。
- コメント欄が少なすぎる。
- 生徒は、受け取る「もの（成績）」以外に得るものがない（努力もしていない）。
- 通知表は、成長のためのツール（手段）ではない。

ハック——デジタル・ポートフォリオで学んだことをはっきり示す

デジタル・ポートフォリオ[3]は生徒に、本当の学びの証拠[4]を使いながら自らの成長をはっきりと示すスペースを提供しています。ポートフォリオに含めるすべてのものに対して、生徒は振り返る機会が提供され、自己評価に微妙な違いを生み出します。

ポートフォリオに入れるものは生徒自身が選ぶので、デジタル・ポートフォリオは生徒が学習を続ける間、成長を示す生き生きとしたファイルになります。また、学びは学期や学年で終わるものでもありません。

（1）日本では、高校に限定されず、すべての校種において起こっていることです。

（2）xiページの訳注10を参照ください。

（3）紙ベースのポートフォリオは、欧米で一九九〇年代から二〇〇〇年代にかけて使われましたが、ＩＣＴの発達で二〇〇〇年代の半ば以降はデジタル・ポートフォリオが主流になってきています。

（4）テストは、生徒たちにとっては暗記でなんとかなってしまうという点で、「偽りのもの」でしかないということを示しているようです。そのようなテストに頼るのではなく、生徒たちが学んだこと（本当の学びの証拠）をもとに、何ができるようになったか、さらに成長するためには何が必要かについて考えるのが教育評価の役目だということを示唆しています。

州統一テストの成績に加えて、新しく受け持つ生徒たちのデジタル・ポートフォリオにアクセスできることを想像してください。後者を通して、あなたは生徒たちが何を知っていて、何ができるかについて知ることができます。また、前年度はどこで終わり、どこに改善が必要なのかも分かります。

何学年にもわたっての成長を示すデジタル・ポートフォリオは、生徒たちにネット上のタイムカプセルをつくらせるようなものです。大学入試に際しては、このポートフォリオを入試担当に見せることができます。ポートフォリオには、ＧＰＡ（三九ページの注を参照）よりもはるかにたくさんの学びについて教えてくれるパフォーマンスや成長の実例が含まれています。

あなたが明日にでもできること

生徒自身が、自分のポートフォリオを管理する責任者です。したがって、彼らが紙かデジタルのフォルダーで集めるかを決めることになりますし、学びの証拠もすぐに集めることが可能となります。

集めたいものを収納するベストの方法を決める

これには、たくさんの方法が可能です。「Richer Picture」や「Fresh Grade」（巻末参照）などのソフトを、学校か教育委員会が購入して使うこともできます。グーグルやマイクロソフトも、似たようなプログラムを提供しています。また、ほかの学習管理システムである「Edmodo」や「Schoology」も、デジタル・データを収集するサービスを提供しています。

いずれにしろ、教師が安心かつ楽に使えることが重要です。肝心なことは、毎年、生徒がたくさんの作品などを集められたり、転送したりすることが容易にできるツールを探すことです。いろいろと試すことで、あなたと生徒にとって何が一番いいのかが見えてきます。

ポートフォリオと通知表の違いをはっきりさせる

なぜ、ポートフォリオのほうが学びを説明するのにより良い方法なのかを生徒に理解してもらうために、ミニ・レッスンを準備してください。それには、伝統的な通知表をやめる理由も含めたほうがいいかもしれません。

教師によって与えられる成績や通知表と比べて、自分のベストの作品を共有しあうことのパワーを生徒たちが理解できるようにしてください。また、自分たちが達成したことをもっともいい形で表し、たくさんの人がアクセスできるデジタル・ポートフォリオをつくり出すための方法を、生徒たちとブレインストーミングしてみてください。

振り返り方を見直す

ポートフォリオに収納される作品には、すべて振り返りを書きます[5]。なぜ、それを選んだのか、学びの何を示しているのかなどを含めて、振り返りを書くことが必要だということが理解できるようにしてください。

生徒たちは、教師やクラスメイトがくれたフィードバックを紹介するだけでなく、それを通して自分が学んだことを明らかにするべきです。振り返りのための具体的な内容や質問については、「ハック8」（一六一ページから）を参照してください。

完全実施に向けての青写真

ステップ1　生徒と一緒に、ポートフォリオに選ぶ作品の基準を明らかにする

ポートフォリオを通して生徒が何を示したいと思っているかについて考えてみてください。

・特定の領域での成長でしょうか？

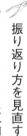

・できるようになったことでしょうか？
・つながりでしょうか？

クラス全体で、ポートフォリオは何を表すべきかを明らかにしてください。そして、すべての作品のなかで、どれがその基準を満たしているのかについて判断できるようにサポートしてください。もし、この評価プロセスを本当のこととして生徒たちに受け入れてほしいなら、何を含めるかという決断は常に生徒のものであることを肝に銘じておいてください。

一年の間には、基準を満たしているという理由で、あなたが特定の課題をポートフォリオに入れるように指示することがあるかもしれません。しかしながら、集めて入れておくことだけでは最終的なポートフォリオにはなりません。ポートフォリオをつくるプロセスにおいて、生徒たちが学ぶスキルのなかでもっとも重要なことの一つは、自分の学びのよい例をどうやって選び、なぜそれを選んだのかについて説明をすることです(6)。

(5)　ポートフォリオには二種類あります。収集を目的とした「ワーキング・ポートフォリオ」ないし「元ポートフォリオ」と呼ばれるものと、記録や引き継ぎや卒業のために精選した「パーマネント・ポートフォリオ」と「凝縮ポートフォリオ」です。振り返りを書くのは後者です。

ステップ2　学びは教科や時間を超えてつながっていることを生徒に教える

私たちは、一つの教科内であれば学びがつながっていることを詳しく教えているのですが、本来は、生徒たちが他の教科領域のスキルやコンテンツ（内容）との関連を見いだせたほうがはるかによいのです[7]。そのスキルやコンテンツを身につけたかどうかは、異なる場面でそれを使いこなせることで分かります。

生徒が自分のポートフォリオにたくさんの作品を集めている過程で、そして彼らの選択や振り返りのなかで、他の教科領域との関連（明白なものも、そうでないものも）を見いだしてほしいものです。

ステップ3　授業内にポートフォリオづくりができる時間を計画する

価値があると思うものには、授業時間を費やすことが大切となります。「これは重要な活動です」と生徒たちに言うだけで、それを課題としてやらせないなら、生徒たちがやってくることは期待できません。個人で、クラスメイトと、そして教師の助けを借りて成功する体験をしながら、ポートフォリオづくりに取り組める時間を確保してください。

その時間は、生徒が異なる形態のさまざまな作品に触れるよい機会ともなります。それには、写真、ポッドキャスト（音声ファイル）、動画、ブログなども含まれます。同時にこの時間は、生徒たちが作品をつくり出したり、集めたり、振り返ったりするという重要なプロセスを観察するという機会を教師に提供します。

ステップ4　振り返りとスピーチのスキルを磨くために、最終的なポートフォリオを発表する

普通は、生徒が課題を完成させたら、教師（ときには親も）しかそれを見ることはありません。生徒に、クラス全体、何かの委員会、あるいは特別に招く教育者や外部のゲストにポートフォリオを発表する機会を設けると、生徒たちの学びをさらに拡張することが可能となります。というのも、発表するためには、対象に受け入れてもらう必要と、どのように焦点を絞ったらいいのか

（6）　この部分は、日本の評価（教育）でもっとも欠けている部分と言えます。『増補版「考える力」はこうしてつける』（第8章「自己評価」）を参照してください。また、研究者やマスコミをはじめとして広く一般的にも、この点に関しては「ボタンの掛け違え」という大きな間違いを犯し続けています（「PLC便り、日経の記事」で検索）。もちろん、文科省や各教育委員会が行っている学力テストや入試なども同じです。

（7）　知識面に力点を置いたままでは教科を跨いだ関連を見いだすことは難しいため、ここではあえてスキルやコンテンツとしているわけです。スキルについては、『増補版「考える力」はこうしてつける』や『増補版「読む力」はこうしてつける』を参照してください。内容は「概念」といったほうがいいと思います。概念を中核に据えた教え方・学び方に関しては、『ようこそ、一人ひとりをいかす教室へ』『「学びの責任」は誰にあるのか』『テーマワーク』を参照してください。

を考える必要があるからです。このために、追加の学びや振り返る機会を提供することにもなります。

発表の最後には、質疑応答の時間も確保することが大切です。そうすることで、何がまだ曖昧なのか、何はもっと深く学ぶことができるのか、などが明らかになります。また、尋ねられた質問に答えることで、自分の発表では示せていなかった新たなつながりを見いだすかもしれません(8)。

発表の対象を広げる方法として、「Periscope」のようなアプリを使うとライブ配信できたり、誰かが見られるように録画しておいたりすることができます。とくによかった発表は、データベースに収めておくと次年度以降の生徒たちが発表の仕方について学ぶときにも使えます。

生徒は、直面した困難について共有しながら、それを乗り越えた具体的な場面を示し、どの領域で成長したのかを詳しく述べてくれる。

課題を乗り越える

ポートフォリオは生徒の学びを表していないとか、評価の手段として適切ではないと言う人もいます。そういう人たちは、生徒のできは成績で表すものという固定観念をもっており、常に抵抗してくるでしょう。以下に紹介するのは、そのような抵抗の例で、それに対してどのように反応できるかについて紹介していきます。

抵抗① 「私は子どもと毎日話しているのに、わざわざポートフォリオ・カンファランスをする意味は何ですか？」（これは保護者の発言）

ポートフォリオ・カンファランスでは、生徒たちがつくり出した作品を示しながら自分の学んだことについて話します。学びについて、日々子どもと話すというのは素晴らしいことです。学校に出掛けていくことで、あるいはデジタル・ポートフォリオを振り返ることで、あなた自身も

（8）発表に関する情報は、『PBL――学びの可能性をひらく授業づくり』（とくに五八～六〇ページ）を参照してください。

学習体験の一部になることを意味します。

これは、家でしている学校についての日常会話とは違います。あなたの子どもは、あなたが自分の学びのプロセスに深くかかわってくれること、またあなたが教師のやり方を支持していることを理解します。

抵抗② ポートフォリオは通知表の代わりではないでしょう

作品を集めて、それらについて話し合うことに価値を見いだせない人もいます。しかしながら、生徒たちはこのプロセスを通じて、よりメタ認知ができる学習者になります。そして、自分の成長について話すとき、彼らの学びの証拠は明らかとなります。

子どもに、テストの点数について尋ねてみてください。何を学んだのか、何を覚えているのか、さらには点数がなぜ七〇（あるいは九〇）点なのかと尋ねてみてください。点数は覚えているでしょうが、なぜその点数をとったのかについては説明できないでしょう。これとは反対に、ポートフォリオであれば自分の学びについて話せるようになるのです。

ハックが実際に行われている事例

国際ジャーナリズム・プレパラトリー・スクール（ＷＪＰＳ）[9]の生徒たちは、年度の最後、その年度で学んだことを発表することになっています。彼らは、一年間のポートフォリオか（卒業する最終学年[10]の場合は）数年間のポートフォリオを振り返って、各教科領域での成長と大切なライフスキルの発達を示すための発表を行っています。

最終学年（一二年生）になると、卒業前にクラスメイト、教師、管理職で構成される審査委員会に対して、自分が高校で成し遂げたことを発表しなければなりません。この発表は、自分の学んだことの証拠を、各教科領域と関連づけながら共有するだけでなく、困難をどのように乗り越えてきたかについても紹介する機会となっています。

素晴らしい発表は、よく構成されたポートフォリオをもとに、到達目標と自らの成長を理解していることをしっかりと示しています。また、多少悪い発表であっても、少しの証拠しか示さな

（9）九九ページの訳注10を参照してください。

（10）ライフスキルには、「好奇心」「ベストを尽くす」「自ら進んでする」「よく聴く」「協力する」などが含まれています。ほぼ完璧なリストは、ＥＱのリストとともに「作家の時間、ライフスキル」を検索すると見られます。

いものの、いくつかの大事なポイントを話してくれます。

何年にもわたって、私は生徒たちがこうした発表の準備をするためのサポートをしてきました。生徒が学びの旅について共有してくれている様子を聞けることは名誉なことだと思っています。また彼らは、どれほど複雑で重要な質問をされても、颯爽と快く答える姿を見せてくれました。将来、どのような場面でも彼らが今回のように対応するであろうと私は確信しています。

もっとも優れたポートフォリオの場合は、特定のスキルや個人的な発達方法を明確に示せるという素晴らしい能力によって目を引くものとなっています。生徒は直面した困難について共有しながら、それを乗り越えた具体的な場面を示し、どの領域で成長したのかについて詳しく述べてくれるのです。

自分の成長を示すツールとして、経過レポートと通知表を使って説明する生徒は極めて稀です。そうした生徒は、数字か記号を見ながら、一つのクラスから次のクラスへの成長傾向を説明する程度でしかありません。また、それがどういう意味なのかについて触れることはありません。

ほとんどの生徒が、これらの資料が実際にはわずかな情報しかもっていないことを知っています。より重要な知識は、授業のなかで何を心に留められるようになったか、将来の学びに応用できるようになったか、です。こうした情報は、デジタル・ポートフォリオを使った極めて効果的な発表を通して共有されています。

まとめ

あなたは、通知表や成績証明書なしの世界が想像できますか？　私はできます。しかも、それがすぐに実現できると信じています。

ポートフォリオは、ある期間の自分の学んだことや成長したことについて、より総合的で、意味のある形で示すチャンスを生徒に提供します。あなたのクラスで、ポートフォリオがどのように見えるかを想像してみてください。

あなたのクラスでは、年度末のポートフォリオの発表会はどのようになるでしょうか？　誰が審査委員会のメンバーとして含まれているでしょうか？

通知表を渡すのと比べて、この体験のほうが年度を終わらす方法としてどれだけ効果的だと思いますか？

デジタル・ポートフォリオが、評価の将来にどれだけ影響をもたらすと思いますか？

自分を成長させ続ける——まとめに代えて

成績というものは、教育制度がはじまったときから存在し、私たちに染み付いているものです。しかしながら、社会は変化しました。私たちは、もはや産業化社会での成功のために生徒たちを準備させているわけではありません。もし、二一世紀も繁栄させたいのであれば、クリティカルに考えられる人、他者と協力できる人、イノベーター（革新者）、問題解決に長《た》けた人を育てる必要があります。

私たちが生徒を評価する方法は、彼らの学びの捉え方に影響を及ぼします。したがって、もし私たちが、生徒たちの体験から否定的なものや表面的には肯定的に見えるものを取り除くことができれば、より多くの生徒が数字や記号で示される成績以外の素晴らしさに目を向けることができるようになるでしょう。

あなたが明日、評価についての実践で変えられることは何でしょうか？

あなたが将来、変えることは何でしょうか？

成績を捨て去ろうと決意したときのことを、いまでもよく覚えています。私の考えに同意できないたくさんの人たちがいることも分かっていました。自分一人で歩まないといけないと分かっていても、私はやるしかありませんでした。どうやって実現するのか、どのような反対意見や抵抗を受けるかは分かりませんでしたが、私を止めることは誰にもできませんでした。

これに取り組んでからすでに数年が経ちますが、いまもこの考え方とは相いれない学校で働いているため、私のもがきは続いています。毎年、私は、新しい生徒を対象にして再起動のボタンを押し続けなければなりません。それには、困難な話し合い、生徒たちの学びに対する考え方を変えること、そして成績なしの評価こそが生徒のためになるという自分の信念を貫くこと、などが含まれています。

生徒たちは、理解できないことに抵抗をします。生徒のなかには、評価が変わることへの不安と、受験する大学が理解してくれないのではないかという悩みを語ってくれる人もいます。それらを私は辛抱強く聞き、彼らの心配を少しずつ取り除いていきます。私たちが行っていることは、彼らが学び手としても人間としても成長する力を伸ばすことになると確信しています。

生徒たちが、初めから信用してくれるとはかぎりません。彼らの懐疑的な態度を感じるときもあります。しかしながら、最終的にはその懸念を乗り越え、私を信頼してくれるということを知っています。

そこには、真剣に受け止めざるを得ないとてつもなく大きな責任があります。幸いにも、彼らがまだ完全には理解できていないことを知っています。「成績」という人を閉じこめる制度から解放されると、生徒たちは本当に成長しはじめるのです。

私たちは生徒に、「ありがとう」と言ってもらったり、「私はそう教えたでしょう」と言えたりする機会をもちたくて教えているわけではありません。成績なしで生徒たちにかかわると、彼らが人として大きく成長することが確かめられるからです。

成績なしへ転換することで、私の授業と生徒に提供する学びの中身は大きく変わりました。私が何も言うことなく、生徒が「これをやり直してもいいですか？」と尋ねてきたり、よい成績のためではなく、扱っている内容を心底自分のものにしたくなったりするので、成績なしの授業は、教師にとっても生徒にとってもよいものであると私は確信しています。

生徒たちは、生まれつき成長し、学びたいと思っています。彼らは、説明できないほどたくさんの方法でさまざまなことを行いたいという好奇心をもっています。これまでのシステムは、その好奇心を奪い去っています。そして、いったん好奇心から切り離されてしまうと、学びの火花を散らせることを忘れてしまうものです。

評価をハック（巧妙に改善）し、学びについての話し合いを続けることによって、私たちは生徒たちを元気にし、再び火をつけることができるのです。

この旅に乗り出そうとしているあなたにはサポートが存在します。もちろん、私にもありました。それは、個人的な学習ネットワークの仲間たちから提供されるものです。彼らは、あなたのしようとすることを理解する人たちであり、普段は同じ学校にはいないでしょうが、ネット時代の現在、距離は大きな問題になりません。

日によっては気分が落ち込み、評価方法を変えるよりも、楽な以前のやり方に戻したいと思うかもしれません。しかし、あなたが生徒たちの「学び」への考え方を変えているということに気づけたら、安堵できることでしょう。

こうした変化は、私が思いもしなかった形で、受け持つクラスの学びを大きく転換しました。そうなることは予想していましたが、一年間実践して、生徒たちが「確かに、これまでとは違う」と言ってくれるまで、確証があったわけではありません。生徒たちとのメールや話し合いを通して、成績をなくすことのパワーを私は確信しました。そして、それが私の決意を一層強固なものにし、前進し続ける「後押し」となったのです。

もし、あなたの生徒たちが目標に向かって前進し、授業で学ぶ楽しさと好奇心を取り戻したいと思うなら、思い切って動き出してください。成績なしの授業へと転換して、どうなるかを自分の目で見てください。その価値は十分にあるはずです。

訳者あとがき――自立した学び手を育てるための教育評価の実現を目指して

成績は誰のためのものでしょうか。生徒のためでしょうか。教師のためでしょうか。本来であれば、「生徒のため」と胸を張って主張したいところですが、現実はそうなっていないことのほうが多いようです。成績を出すことで、生徒たちの学びをどんどんやせ細ったものにしてしまったり、その可能性をどんどん小さいものにしていたりするように思います。

成績の問題は、教員をしていると、いつも頭を悩ませるものとなります。私が小学校の教員をしていたのは数年間という短い期間でしたが、常に成績という問題が頭から離れることがありませんでした。時に、その問題から目を逸らすことができたとしても、一年のなかで必ず成績という問題に向き合う必要がありました。

正直なところ、生徒たちの成績を付けることに対して、無力感や罪悪感がありました。というのも、成績を付けること、そして成績を出すことによって、生徒たちの学びへの意欲をかき立てたり、学びの可能性を広げたりすることと正反対のことをやってしまっているように思えたからです。そして、この問題を解消するための方法が分からず、何度も悩みました。

教員になって何年か経ったときのことです。保護者との個人懇談会で、「先生、通知表にどんな意味がありますか？　もらっても、正直あまり意味が分かりません。何が書いてあるかよく分かりませんしね」という意見をもらいました。このとき、私は何とか説明しようと努力しましたが、同時に自分の無力さも感じました。この保護者の方は、次にように続けてくれました。

「先生、通知表の説明よりも、子どもの日々の生活の様子や学習の様子をもっと聞かせてください」

この言葉を聞いたとき、教師として、子どもたちの成長の様子を語ることの楽しさを思い出し、思わず胸が熱くなりました。確かに、「成績評価は学校制度とともにある」と言っても過言ではないほどの長い歴史があります。だからといって、変えなくてもよいことの理由にはなりません。生徒たちが成長していくための方法を考えたとき、成績をハックし、評価を学びにいかしていくことが必要となるはずです。

生徒たちはみんな、「知りたい」「できるようになりたい」「成長したい」と思っています。そして、保護者の方々も、そうした生徒たちの生き生きとした成長の物語を聞きたいと思っています。そうした生徒たちの思い、保護者の方々の思いにこたえていくために必要なことは、成績を出すことや通知表を渡すことではありません。生徒たちの、成長の物語を語り合うことなのです。その語り合いは、数字や文字よりも豊かな情報を提供してくれるものです。生徒たちが自分で考え、判断し、実践していく人、すなわち「自立した学び手」となれるうえで必要な支えは、こうした豊かな学びについての対話だと思います。

また、日々の授業のなかで教師だけが評価しているとどうなるでしょうか。おそらく、生徒たちから次のような声が聞こえてくることになるでしょう。

「先生、これでいい？」「先生、これであってる？」

こうした声の背景には、「先生が判断してね」という思いがあります。そのこと自体、「自立した学び手」ではなく、依存した学び手に育ってしまっていることを意味します。こうなってしまうと、生徒たちに自分のことを正しく評価し、学び続けていく力をつけていくのとは真逆となる「負のスパイラル」が生まれてしまいます。

教師であれば、生徒たちが依存した学び手になることを望んでいる人はいないはずです。生徒たちが、「私はこれができるようになったよ。次はこれをやってみるよ」とか「これをやったらうまくできたよ。また、次もやってみるね」と伝えてくれることの喜びは、何事にも代えがたい瞬間となります。生徒が自らの成長を自覚し、学び続ける姿がそこにあるからです。

本書には、成績評価にまつわる「負のスパイラル」を断ち切り、教育評価の生き生きとしたサイクルを回していくための具体的な方法が極めて実践的に描き出されています。そして、その根底に力強く存在しているのは、教師が主役である教育ではなく、「生徒が主役」である教育の実現です。もちろん、成績をハックし、評価を学びにいかす具体的な方法を考え、実践していくことの難しさがあることも確かです。しかし、本書はそうした難しさに対しても細やかな配慮がなされています。その難しさに対してどのように立ち向かっていくのか、その方法を具体的に示してくれているのです。さらに、実際に難しさを解消していく姿の実例も示されています。

私たちが教育評価において何を変えていかなければならないのか、どうやって変えていくことができるのか、こうした問題に対するヒントが本書にはあふれています。教師が主役のままの教育から「生徒が主役」となる教育への転換を確実なものにし、「自立した学び手」を育てるという目標を実現していくためには、本書にあるように、教師が問題を認識し、新たな方法を学び、その方法を積極的に使いながら具体的に行動していくことが何よりも大切になります。

私は教師として、生徒たちがチャレンジしている姿に喜びを感じていました。もちろん、そこにはリスクや失敗もありました。しかし、チャレンジしたことによって、生徒たちは失うことよりも得ることのほうが多いのです。さらに、生徒たちは確実に成長していっている、と言えます。

生徒たちにチャレンジすることを求めるのであれば、教師も同じくチャレンジするべきです。まずは、チャレンジしてみる。そこで見えてきた到達点と改善点を修正し、さらにより良いものを目指してチャレンジを続ける。このような教師がチャレンジする姿を見せることは、生徒たちにとっては格好の学びのモデルとなります。そして、やり続けることで、生徒たちに押し付けてやらせるのではなく、生徒たちと対話していくこと、そうした対話を通して成長していくことが可能となります。

リスクや失敗を恐れるばかりでは、現状を変えることはできません。時に、悪くなることさえあります。リスクや失敗は、「ハックする」うえでたくさんのヒントを私たちにもたらしてくれます。著者が本書で示してくれた「10の方法」は、こうした教師と生徒が対話しながら続ける、「生徒が主役」となる教育の具体的な姿を私たちに力強く示してくれています。本書を読んで、読者のみなさんが生徒たちと対話をしながら成績評価をハックし、評価を学びにいかし、生徒たちが学び続け、成長し続ける教室をつくり出していくこと、それが実現されることを願っています。

最後になりましたが、粗訳の段階で目を通し、貴重なフィードバックをしてくれた、井浪真吾さん、上山伸幸さん、大木理恵子さん、佐野和之さん、筑田周一さん、広木敬子さん、そして本書の企画を快く受け入れてくれ、最善の形で日本の読者に読んでもらえるようにしてくれた株式会社新評論の武市一幸さんに感謝します。

二〇一八年六月

高瀬裕人

／山元隆春他訳、北大路書房、2018年予定
・『学びの情熱を呼び覚ますプロジェクト・ベース学習』（ロナルド・ニューエル／上杉賢士他訳、学事出版、二〇〇四年）
・『「学びの責任」は誰にあるのか』ダグラス・フィッシャー他／吉田新一郎訳、新評論、2017年
・『ライティング・ワークショップ』ラルフ・フレッチャー他／小坂敦子他訳、新評論、2007年
・『増補版　作家の時間』プロジェクト・ワークショップ編著、新評論、2018年
・『読書家の時間』プロジェクト・ワークショップ編著、新評論、2014年
・『Thinking Mathematically（数学的思考を育む）』（仮題）ジョン・メイソン他／吉田新一郎訳、新評論、近刊
・『テストだけでは測れない！』吉田新一郎著、NHK 生活人新書、2006年
・『効果10倍の学びの技法』吉田新一郎他著、PHP 新書、2007年
・『増補版「読む力」はこうしてつける』吉田新一郎著、新評論、2017年
・『読み聞かせは魔法！』吉田新一郎著、明治図書、2018年
・『たった一つを変えるだけ』ダン・ロススタイン他著／吉田新一郎訳、新評論、2015年

注および訳者コラムで紹介した本

・『イン・ザ・ミドル　ナンシー・アトウェルの教室』（仮題）ナンシー・アトウェル／小坂敦子他編訳、三省堂、2018年予定
・『最高の授業――スパイダー討論が教室を変える』アレキシス・ウィギンズ／吉田新一郎訳、新評論、2008年
・『理解をもたらすカリキュラム設計』グラント・ウィキンズ他／西岡加名恵訳、日本標準、2012年
・『増補版「考える力」はこうしてつける』ジェニ・ウィルソン他／吉田新一郎訳、新評論、2018年
・『テーマワーク』開発教育センター／国際理解教育センター訳（直売）1994年
・『子どもの心といきいきとかかわりあうプロジェクト・アプローチ』リリアン・カッツ他／奥野正義訳、光生館、2004年）
・『リーディング・ワークショップ』ルーシー・カルキンズ／吉田新一郎他訳、新評論、2010年
・『遊びが学びに欠かせないわけ』ピーター・グレイ／吉田新一郎訳、築地書館、2018年
・『宿題／家庭学習をハックする』（仮題）スター・サックシュタイン他／吉田新一郎他訳、新評論、近刊
・『言葉を選ぶ、授業が変わる！』ピーター・ジョンストン／長田有紀他編訳、ミネルヴァ書房、2018年
・『協同的な学びを生かしたプロジェクト・アプローチ』シルビア・チャード／芦田宏他訳、光生館、2006年）
・『PBL――学びの可能性を開く授業づくり』リンダ・トープ他／伊藤通子他訳、北大路書房、2017年
・『ようこそ、一人ひとり活かす教室へ』キャロル・トムリンソン／山崎敬人他訳、北大路書房、2017年
・『一人ひとりをいかす評価（仮題）』キャロル・トムリンション他

Kahoot　4択クイズ作成アプリ。オンライン上で使用するため、手軽に大勢でクイズに回答することできる。

Periscope　ツイッターが提供している動画配信閲覧アプリ。アプリを起動すると、手軽に撮影した映像をリアルタイム配信することができる。

Plicker　所定のカードを使って簡単なチェックテストが行えるアプリ。

Poll Everywhere　オンライン投票アプリ。パソコンやスマートフォンを使って、手軽にアンケートを収集し、結果をリアルタイムでグラフに表示することができる。

Remind　オンラインの資料・情報共有アプリ。生徒だけでなく、保護者も含め、手軽に資料や情報を共有することができる。

Richer Picture　デジタル・ポートフォリオ作成アプリ。

Schoology　オンラインの資料・情報共有アプリ。教師、生徒、保護者の間で、手軽に資料や情報を共有することができる。

Socrative　選択式チェックテストや、出口チケットなどを作成することができるアプリ。

Survey Monkey　アンケート作成アプリ。オンライン上でアンケートを作成し、共有することができるため、手軽にアンケートの収集・分析ができる。

Vimeo　動画共有アプリ。アカウント登録することで、簡単に動画の配信・閲覧ができる。

Voxer　音声を使ったやりとりができるアプリ。

本書で紹介されているアプリ一覧（ABC 順）

Chalkup　オンラインの資料・情報共有アプリ。教師、生徒、保護者の間で手軽に資料や情報を共有することができる。オンライン上で話し合いを行うこともできる。

Diigo　高機能なソーシャルブックマーク（デジタル・アーカイブ）で、クラウド上にメモを残せるサービス。

ドロップボックス　アメリカの Dropbox, Inc. が提供しているオンラインストレージサービス。

Edmodo　オンラインの資料・情報共有アプリ。生徒だけでなく、保護者も含め、手軽に資料や情報を共有することができる。

エバーノート　ノートを取るように情報を蓄積するソフトウェアないしウェブサービスで、パソコンやスマートフォン向けの個人用ドキュメント管理システム。

Explain Everything　ビデオソフト。手軽にアニメーションや注釈を加えることができる。

Fresh Grade　デジタル・ポートフォリオ作成アプリ。

グーグル・ドキュメント　グーグルが開発した無料のワープロソフト。

グーグル・ドライブ　動画、写真、ドキュメントなど、あらゆるファイルを保管して、スマートフォン、タブレット、パソコンでどこからでもアクセスできる。また、ドライブ内のどのファイルやフォルダーでも、閲覧、編集、コメントに他のユーザーを簡単に招待できる。

グーグル・フォーム　グーグルが開発したアンケート作成アプリ。オンライン上で作成し、共有することができ、手軽にアンケートの収集・分析もできる。

グーグル・スプレッドシート　共同編集スプレッドシートを作成して共有できるソフト。

訳者紹介

高瀬　裕人（たかせ・ゆうじん）

評価と成績に関心をもったのは、2005年に大学に入ってからことです。それまで、評価とは成績だと思っていました（思い込まされていました）。それでは自立した学び手が育たないのではないかと思い、国語科教育の世界に飛び込みました。大学院までの学生生活と小学校での教員生活を経て、今では自立した学び手を育てるために、最も大切なのは教師と生徒の対話だと確信しています。

吉田新一郎（よしだ・しんいちろう）

日本での教え方・学び方が向上しないと同時に、自立した学び手を育てることができない最大の理由の一つは、評価の理解と実践の欠如だと思っているので、2006年に『テストだけでは測れない！』（NHK生活人新書）を出しました。そして、本書と同時並行で『一人ひとりをいかす評価』（北大路書房）を翻訳中です。『最高の授業』（新評論）では、成績の従来の使い方とは違うものを見られます！

成績をハックする
評価を学びにいかす10の方法

2018年6月30日　初版第1刷発行

訳者　高瀬裕人
　　　吉田新一郎
発行者　武市一幸

発行所　株式会社　新評論

〒169-0051
東京都新宿区西早稲田3-16-28
http://www.shinhyoron.co.jp

電話　03(3202)7391
FAX　03(3202)5832
振替・00160-1-113487

落丁・乱丁はお取り替えします。
定価はカバーに表示してあります。

印刷　フォレスト
装丁　山田英春
製本　中永製本所

Printed in Japan
ISBN978-4-7948-1095-3